리더들이여, CEO처럼 생각하라

리더들이여, CEO처럼 생각하라

발행일	2019년 1월 16일		
지은이	박 세 연		
펴낸이	손 형 국		
펴낸곳	(주)북랩		
편집인	선일영	편집	권혁신, 오경진, 최승헌, 최예은, 김경무
디자인	이현수, 김민하, 한수희, 김윤주, 허지혜	제작	박기성, 황동현, 구성우, 정성배
마케팅	김회란, 박진관, 조하라		
출판등록	2004. 12. 1(제2012-000051호)		
주소	서울시 금천구 가산디지털 1로 168, 우림라이온스밸리 B동 B113, 114호		
홈페이지	www.book.co.kr		
전화번호	(02)2026-5777	팩스	(02)2026-5747

ISBN 979-11-6299-475-7 03320 (종이책)　　979-11-6299-476-4 05320 (전자책)

이 도서의 국립중앙도서관 출판예정도서목록(CIP)은 서지정보유통지원시스템 홈페이지(http://seoji.nl.go.kr)와 국가자료공동목록시스템(http://www.nl.go.kr/kolisnet)에서 이용하실 수 있습니다.

(주)북랩 성공출판의 파트너
북랩 홈페이지와 패밀리 사이트에서 다양한 출판 솔루션을 만나 보세요!
홈페이지 book.co.kr　•　**블로그** blog.naver.com/essaybook　•　**원고모집** book@book.co.kr

제1부

CHOICE

||||||||||||||||||

선택하지 않아
가지 않은 길에 대한 후회

훗날에 훗날에 나는 어디선가
한숨을 쉬며 이야기할 것입니다.
숲 속에 두 갈래 길이 있었다고,
나는 사람이 적게 간 길을 택하였다고,
그리고 그것 때문에 모든 것이 달라졌다고.

로버트 프로스트(Robert Frost)의 시
— '가지 않은 길(The Road not Taken)' 중에서 —

포스코 포항제철소 정문에 '자원은 유한, 창의는 무한
(Resources are limited; Creativity is unlimited.)'이라
는 슬로건이 걸려있다. 자원은 유한하므로 한 번 사용된
자원은 되돌릴 수 없다. 그래서 경영자나 조직리더의 매
순간 선택은 리허설이 없다고 할 만큼 매우 중요하다.

1장 선택이란 의사결정과정

인생 전체가 선택의 연속

영어 'choice'의 뜻을 대부분의 영한사전에서는 '선택'이라고 설명하고 있다. 표준국어대사전에서는 '선택'의 뜻을 '여럿 가운데서 필요한 것을 골라 뽑음' 혹은 '문제를 해결하기 위한 몇 가지 수단을 의식하고, 그 가운데서 어느 것을 골라내는 작용'으로 풀이하고 있다. 여기에서 유추해보면 선택이란 '뽑거나 골라내는 작용'으로 '여러 가지 대안 중에 필요한 것에 대한 의사결정과정'으로 해석할 수 있다.

나를 비롯한 우리 모두는 평생 선택이라는 의사결정과정 속에서 살다가 생을 마감하는 것이 아닌가 할 정도로 매 순간 선택이 일어난다. 우리는 아침에 눈을 뜨면서부터 저녁에 잠을 자기 전까지 모든 행동을 함에 있어서 선택이라는 의사결정과정에 직면하게 된다. 아침 식사를 할 것인가 말 것인가, 먹는다면 밥이나 빵 중에서 무엇을 선택할 것인가, 외출을 위한 옷은 어떻게 입을 것인가, 교통수단은 지하철이나 버스 중 무얼 탈 것인가 등의 고민을 종일 하게된다.

취업포털 인크루트가 선택에 대한 결정장애 문제에 대해 직장인

남녀 324명을 대상으로 설문한 결과에 따르면, '평소 본인이 결정장애를 겪는다고 생각해본 적 있느냐'는 질문에 80.6%가 '있다'고 답했다. '결정장애를 가장 절감하는 때는 언제냐'는 질문엔 '외식 메뉴 고를 때'(23.3%)가 가장 많았고, 다음은 '옷, 신발 등 쇼핑할 때'(19.4%)로 나타났다.[1] 직장인들이 가장 많이 하는 말, "오늘 점심 뭐 먹지?"는 예나 지금이나 늘 숙제다. 이러한 선택의 고민을 덜어주고자 어떤 식당에서는 점심시간에 '아무거나'라는 메뉴를 만들어 놓은 곳도 있다.

본인의 선택이 잘된 것 혹은 잘못된 것으로 만들어 나가는 것은 각자의 마음에 달린 경우가 많다. 선택의 결과는 시간이 지나야 알 수가 있다. 잘된 선택이냐 잘못된 선택이냐 여부는 우리가 선택한 것에 대해 생각하고 행동하는 바에 달린 경우가 많다. 한 가지 예로 금연이라는 좋은 선택을 했으나, 흡연에 대한 생각으로 계속 담배를 피워서 폐암에 걸린다면 금연이라는 좋은 선택이 나쁜 결과를 가져오는 경우이다. 이렇듯 행동하려고 선택했으나 실천하지 않는 일에 대해 사람들은 대부분 후회를 하게 된다.

인생에서 가장 후회되는 일에 대해 설문조사를 해보면 사람들의 가장 큰 후회는 주로 '하지 않는 일'에 몰려있다. "공부를 더 하지 않은 게 후회됩니다.", "애들과 좀 더 많은 시간을 보내지 못한 게 후회됩니다.", "그 남자랑 결혼할걸 그랬어요." 등과 같이 다양한 사회적 환경에 살아가는 77명의 사람들에게 인생에서 가장 후회되는 일에 대해 물어보았다. 그 결과 213가지의 후회가 나타났는데 그 중 고작 열 가지만이 자기가 어찌할 수 없는 일에 대한 후회였다.

나머지는 모두 자신의 행동과 관련된 후회였는데 그중에서도 63%는 하지 않는 일에 대한 후회였고, 37%는 자기가 한 일에 대한 후회였다.[2]

제한된 합리성

사람들이 선택을 하는 매 순간의 결정은 나름대로 합리적인 생각으로 했다고 하나 예상하지도 않은 결과를 초래해 후회를 하는 경우가 있다. 일찍 출근해 어제 마무리하지 못한 일을 끝내기 위해 아침에 지하철을 타지 않고 택시를 이용했지만 중간에 도로공사로 인해 지하철보다 늦게 도착한 경우는 최초에 합리적인 수단이라고 생각한 의사결정이 잘못된 결과로 나타난다. 이는 도로공사라는 정보의 제한, 즉 도로공사가 없을 것이라는 제한된 합리성으로 인한 선택이었기에 이러한 결과가 나타난 것이다.

행동경제학 측면에서 허버트 사이몬(Herbert Simon)이 제시한 '제한된 합리성(bounded rationality)'에 따르면 일반적으로 사람들의 의사결정은 모든 부분을 빈틈없이 고려해서 이뤄지는 것이 아니라 늘 해오던 익숙한 방식을 거쳐서 그 정도면 됐다(good enough)는 수준에서 마무리된다는 것이다. 즉 그만하면 됐다 정도인 '최초의 대안'이 해결책으로 채택되는 경향이 매우 높다고 한다. 왜냐하면 대안의 수는 너무나 많은 데 반해 우리의 인지적 자원은 매우 제한적이기 때문이다.[3] 예를 들면, 졸업을 앞둔 대학생이 직장을 구하는 경우 서너 군데의 가능성이 확인되면 더 이상 구직활동을 하지 않는다. 주택을 사거나 전세 혹은 월세 집을 구하는 경우에도 두세 군데 공인중개사를 만나 결정을 한다. 합리적 의사결정을 하려면 수백 개의 기업을 대상으로 직장을 구하거나 전체 중개사 사무실을 들러야 하지만 실제로는 몇 개의 대안 안에서 선택을 하게 되는 것이다.

기업경영에서도 합리적인 의사결정은 조직이 직면하는 경쟁상황이 심하지 않고 이미 잘 알고 있는 이슈를 다룰 때는 합리적인 의사결정방법(환경분석-문제정의-목표설정-대안설정 및 평가-대안선택-실행)을 활용할 수 있다. 하지만 4차 산업혁명을 부르짖는 요즈음과 같이 변화의 속도가 빠른 경우에는 조직 내외부적으로 고려해야 할 유동적인 상황요인이 너무 많고, 문제를 정의하고 분석하기도 복잡하고, 스피드도 요구되어 대안 마련과 평가가 용이하지 않다. 그래서 합리적인 의사결정이 어려워 '제한된 합리성' 관점에서 의사결정을 할 수밖에 없다. 즉 합리적인 의사결정과정에서 경영자의 직관에 의존해 몇 가지 단계를 생략하고 결정을 한다. 여기에서 직관이라 함은 '잠재의식 속에 쌓여 있는 오래된 실제 경험'에서 비롯되는 것으로 독단적이거나 불합리적인 것은 아니다. 조직에서 제기된 문제에 대해 오랜 경험을 바탕으로 한 직관을 활용하면 문제를 빠르게 감지하고 이해할 수 있을 뿐 아니라 본능적인 느낌과 예감을 통해 대안을 선정해 의사결정의 속도를 빠르게 할 수도 있다.[4]

이익창출이냐 원가절감이냐

의사결정에 있어 제한된 합리성으로 인해 경영자가 직관을 가지고 선택을 할 때, 궁극적으로 무엇에다가 목표를 두고 선택하는지가 중요하다. 경영자의 선택에는 생산성 향상, 매출증대, 시장점유율 확대, 브랜드 인지도 향상, 기술축적 등 여러 가지 목표가 있다. 물론 여기에서 언급되는 여러 가지 목표도 중요하지만, 경영자로서 나는 의사결정 우선순위를 '이익을 증가시키는 의사결정이냐 아니면 '원가를 감소시키는 의사결정이냐', 혹은 이 두 가지를 동시에 달성할 수 있는 대안인지를 선택의 기준으로 삼았다.

먼저 이익창출에 대해 이야기하고자 한다. 사람에 따라서 기업의 목표를 매출액, 고객만족, 사회기여 등으로 달리 이야기하는 경우가 있다. 그러나 경영 혹은 경제학적 관점에서 볼 때 기업의 목표는 아주 단순하다. 그것은 '이윤극대화(profit maximization)'라는 단어 하나로 집약된다. 원래 기업이란 주주(shareholder)가 출자해 기업을 설립하고, 종업원을 고용하고 원료를 구매해 제품을 만들고 이를 고객에게 팔거나 서비스를 창출함으로써 이익을 취하는 목적으로 설립된 조직이기 때문이다. 종업원 또는 원료공급자는 미리 정한 임금 또는 구매비용을 지불받으면서 거래관계가 종료된다. 그러나 주주는 최종제품과 서비스를 판매한 금액에서 종업원의 임금과 원료공급에 대한 비용을 지급한 나머지를 취하게 된다.

이렇게 주주에게 귀속되는 대가는 때로는 손해 또는 이익이 될 수 있는 불확실한 대가이다. 그러므로 이러한 불확실성을 상쇄하고 회사의 영속성을 유지하기 위해서는 이익을 극대화해 주주에게 투자에 대한 확실한 보상을 해 주어야 한다. 이러한 기업의 이윤 극대화는 기업의 가치창조(value creation)의 극대화를 의미한다. 만일 기업이 종업원을 고용하고 원료를 구매해 생산 활동을 한 후, 임금과 구매비용을 지불하고 남는 이윤이 없다면 그 기업의 가치 창출은 영(0)이다.[5]

나는 수년 동안 그룹 계열사 사장단 회의에 참석을 해보았지만, 적자가 나는 회사의 경영자는 적자 사유를 설명하자면 구차한 이야기를 할 수밖에 없다는 것을 안다. 한 회사의 경영자는 주주로부터 경영을 위임받은 사람이기에 주주의 이익을 늘려주고 새로운 가치를 창출하기 위해 최선의 노력을 기울이는 것이 당연하다. 적자를 내는 경영자는 주주의 입장에서 보면 정말 곱게 보일 리가 없는 것이고, 이러한 일이 자주 발생하거나 계속 발생하면 임기가 짧아지거나 오래가지 못한다.

다음으로는 원가절감에 대해 이야기하고자 한다. 하버드대학의 마이클 포터(Michael Porte)교수는 '본원적 경쟁전략'에서 산업 내의 다른 기업을 능가하기 위한 잠재적 성공의 본원적 전략을 총체적인 원가우위(overall cost leadership), 차별화(differentiation), 집중화(focus), 이 세 가지*로 설명하고 있다.[6]

1970년대 이후 경험곡선** 개념이 보편화되면서 널리 알려진 첫

---

* 두 번째 전략인 차별화는 하나의 제품이 타 기업의 제품과는 차별화되어 경쟁우위에 있는 경우이며, 세 번째 집중화 전략은 틈새시장을 집중 공략하는 경쟁전략임.
** 제품 단위당 실질 원가는 누적 생산에 다른 경험량이 증가함에 따라 일정 비율로 저하됨.

번째 본원적 전략은 원가우위 전략이다. 원가우위를 차지하기 위해서는 규모의 경제를 달성할 수 있는 설비를 적극적으로 갖추고 경험의 축적을 통한 원가절감을 전사적으로 모색해야 한다. 그 밖에 원가와 총 경비의 철저한 통제, 수지균형을 맞추기 어려운 거래의 회피, 판매 및 서비스, 광고 등의 분야에서 원가를 최소화하려는 노력이 필요하다.

이러한 목표를 달성하기 위해 경영자나 조직리더는 원가관리에 많은 관심을 기울여야 한다. 경쟁기업에 대한 상대적인 원가우위는 경쟁전략 전반에서 주요한 주체가 된다. 원가우위를 확보한 기업은 다른 강력한 경쟁요인이 있다 하더라도 평균 이상의 수익을 거둘 수 있다. 또한 이런 기업은 다른 기업들과의 경쟁에서 오는 충격을 충분히 버텨낼 수 있다. 왜냐하면 경쟁과정에서 이윤이 다소 희생된다 하더라도 원가우위를 통해 보충해나갈 수 있기 때문이다.

이렇게 강조를 하지 않아도 경영자라면 원가우위 유지를 위해 원가통제가 매우 중요한 관리항목이라고 생각하는 분들이 많을 것이다. 나는 원가통제에 대해 상당히 중요한 의미를 두고 있는데, 그것은 단순히 비용을 절약하기 위해서 원가절감을 강조하는 것은 아니다. 내가 생각하는 원가통제의 목적은 두 가지다. 하나는 회사 내부에서 발생하는 낭비를 최소화해 손실을 줄이고 경쟁력을 극대화하는 것이고, 다른 하나는 조직 내에 잔존하는 비능률적인 요소를 없애고 근검절약 정신을 체질화해 혁신과 변화를 지속적으로 이루어 나가는 것이다.

경영자의 선택에는 리허설이 없다

경영자는 물론 조직 리더에게 선택이라는 의사결정과정은 매우 중요하다는 것을 다시 한 번 강조하고 싶다. 개인 인생에서 어떤 선택을 하고 나면 선택되지 않는 대안은 미국의 시인 로버트 프로스트(Robert Frost)의 시에서 언급된 '가지 못한 길'이 되어 먼 훗날 후회하는 정도에서 끝이 난다. 그러나 경영자의 선택은 단순 후회로서 끝나는 게 아니라 해당기업은 물론 전후방 관련기업의 존망을 가르는 선택이 될 수 있기 때문에 중요하다.

아무리 유능한 CEO라 해도 완벽한 결정을 내리는 것은 아니다. 1997년에 발생한 IMF금융위기 이후 구조조정 차원에서 기업 간 인수·합병이 활발히 추진되었다. 금호아시아나는 2006년 대우건설을 인수했다가 그룹 전체가 난관에 빠지자 2009년에 다시 매각했으나 그로 인해 한동안 자금난에 시달리는 등 그룹 전체의 운영이 어려웠다. 정수기로 유명한 웅진그룹은 2012년 9월 법정관리를 신청했는데 극동건설이라는 회사를 인수한 것이 결국 자금난을 가져왔다. 이외에도 의욕적인 인수·합병이란 경영자의 선택이 일부 기업에서는 오히려 '승자의 저주'가 된 사례를 많이 볼 수 있다.

나 역시 사람이기에 경영의사 결정에 있어 모든 여건을 다 이해할 수 없어 개인의 지식과 경험에 의존해 판단을 하는 경우가 있다. 이는 앞서 언급한 제한된 합리성 때문에 전체를 고려하지 못하고 상황상 직관으로 선택하기 때문이다. 그러나 항상 내 마음속에 담아둔 가치관은 기업에서 활용가능한 자원은 유한적이기에 이를 활용하는 경영자가 선택을 잘해야 그 기업의 지속가능성을 담보할 수 있다는 것이다.

2012년 승주컨트리클럽 인근 반경 30분 이내 지역에서 5개 골프장이 신규로 문을 열자 승주컨트리클럽 내장객이 급감했다. 동일지역 내 골퍼들을 유치하기 위한 적극적인 마케팅 활동도 이미 수요와 공급의 균형이 무너진 탓에 크게 진전이 없었다. 전남 이외 시도지역의 골퍼들을 유치해 새로운 수요를 창출하고자 수많은 번민의 날을 보낸 후 골프텔 건립을 추진하는 선택을 했다. 골프텔 건립에는 수십억 원의 투자비용이 발생함에 따라 주주사인 포스코의 승인이 요구되었다. 당시 나의 이러한 선택에 대해 포스코의 대다수 경영위원들이 건립 타당성에 의문을 제기했으나 수차례의 설득 과정을 통해 승인을 받았다. 물론 마지막 단서로 투자가 실패할 경우에는 책임을 지겠다는 말을 덧붙였으나 골프텔 준공 이후 이 투자로 책임지는 일은 발생하지 않았다. 최초 선택 당시 예견한 바와 같이 멀리 다른 시도 지역에 있는 골퍼들이 골프텔에 1박 이상 체류형으로 방문해 골프장 회전율과 전체 수익을 증대시키는 계기가 되었다.

경영자의 선택에는 리허설이 없다. 두 번째 기회란 존재하지 않는다는 생각으로 최선의 대안을 선택해 경영해야 한다. 포스코 포항제철소 정문에 '자원은 유한, 창의는 무한'이라는 슬로건이 걸려 있다. 모든 경영자원은 제한적이기에 한 번 사용하면 더 이상 조달이 어려우므로 그 쓰임에 있어 '선택'을 잘하라는 선구자적 메시지로 느껴진다.

2017년 12월 6일 승주컨트리클럽 리뉴얼공사 준공행
사를 가졌다. 고객으로부터 지속적으로 제기되는 의견
을 수렴해 여성고객 라커 및 샤워장 확장, 남녀 화장실
확장, 클럽하우스 2층 식당에서 코스로 직접 진입 가능
한 계단 설치(사진 중앙) 및 기존 노후시설 전면보수 등
을 실시했다. 특히 3개 코스 스타트하우스를 폐쇄하고
그 기능을 클럽하우스 2층 식당으로 통합해 수준 높은
고객서비스제공과 인력감축, 에너지절감, 재고감축 등
고정비절감에 크게 기여했다. 승주컨트리클럽은 2012
년 1차 구조조정과 2017년 하드웨어에 대한 2차 혁신
으로 경쟁우위를 유지하게 되었다.

2장 경쟁우위 유지를 위한 선택

<u>경쟁우위 유지</u>

경영자가 기업을 성장 발전시키기 위해 선택하는 대안들은 경쟁력이 있어야 한다. 기업은 사람이 만든 것이지만 기업이란 조직은 생명체와 같아서 대부분의 유기체처럼 출생-성장-발전-안정-쇠퇴의 일련의 단계를 거친다. 모든 기업은 이러한 단계별로 대내외적으로 직면한 상황에 대한 적절한 대안을 선택해 성장해나가고 있다. 간혹 선택이 잘못된 일부 기업은 성장 혹은 발전 단계까지 오지 못하고 중도에 쇠퇴하거나 성장 발전단계를 오랫동안 유지하지 못하는 경우도 발생한다.

경영자는 기업환경과 시대조류에 적합한 대안을 발굴하고 현명한 선택을 해야 다른 경쟁기업보다 경제적 부가가치를 더 창출해 경쟁우위(competitive advantage)를 유지할 수 있다. 예를 들어 최근 세계적으로 관심을 집중시키고 있는 혁신적인 스마트 기술 환경에 적응하지 못하면 성장은 고사하고 현상유지도 어려울 수가 있다. 컴퓨터의 진화, 인터넷의 범용화, 무선중계기술의 발달 등으로 세상의 모든 사물들이 네트워크로 연결되어 서로 소통하는 사물인터넷(internet of things)은 인터넷 등장 이후 가장 획기적인 변화이다. 이러한 4차 산업혁명은 사물인터넷으로 빅 데이터(big data)를 얻고, 그것을 클라우드(cloud)에 저장해, 인공지능으로 분석하고 활용하는 것이다. 사물인터넷은 지능화되어 스마트 자동차, 스마트 홈, 스마트 시티 등 스마트 세계를 만들어 낸다. 4차 산업혁명 시대를 맞이해 각각의 기업에 딱 들어맞는 정답은 없다. 산업특성에 맞는 각자의 플랫폼이나 인프라 기반을 주도적으로 구축해 앞서 나가는 조직만이 시장에서 경쟁우위를 유지할 것이다.

창의적이고 혁신적인 대안 발굴

일반적으로 신생기업인 경우 조직 자체가 취약한 시기여서 자신만의 생존 그 자체를 위해 모든 노력을 기울인다. 나의 경우 2010년 6월 신설 광고회사인 포레카 초대 대표이사로 내정되고 나서 주변을 쳐다볼 시간이 없었다. 새로운 회사의 사업기반을 다지기 위해 매일 일과 씨름하던 생각을 하면 지금도 넌더리가 날 정도이다.

신설회사라 자본도 넉넉하지 않았고 기존의 광고회사 베테랑 경력사원을 채용하기도 어려웠다. 경력이 많지 않은 직원 중심으로 구성된 회사이기에 생존과 발전을 위해서 더 많은 시간과 노력이 요구되었다. 그리고 회사 내의 새로운 인사·노무·회계 등의 규정과 각종 비용지출기준과 관련된 제도 및 프로세스 등 모든 것이 취약해 일을 진행하는 데 어려움이 많았고, 많은 시간을 투입하고 밤을 새우면서 이를 체계화하느라 애를 먹은 기억이 난다. 그래도 새로운 회사의 초창기는 조직설립목적에 맞도록 임직원을 이끌어나가야 한다는 경영자의 절실한 리더십과 임직원들의 반드시 맡은 일을 해내어야 한다는 사명감이 경쟁우위를 유지하는 요소로 작용해 어느 정도 위기가 있어도 적극적으로 헤쳐나갈 수가 있었다.

2011년 말 중앙선거관리위원회가 19대 국회의원선거 공익광고를 위한 대행사 선정 모집공고를 했다. 3개월간의 광고총액은 약 60억 원으로 당시 신생광고회사인 포레카의 연매출액 600억 원 대비 매우 큰 금액이었다. 이에 이름만 들어도 다 알 만한 국내 굴지의 광고회사 15개사가 응찰을 했다. 포레카는 광고업계 매출 순위 35위로 중앙선거관리위원회 프레젠테이션에서 타의 추종을 불허하는 창의적이고 혁신적인 안을 내지 못하면 수주를 못 할 형편이었다. 1차 기획안 서류심사 통과 후 수많은 준비와 노력 끝에 최종 프레젠테이션 자체 리허설을 하는 과정에서 기존의 평면적이고 동영상 중심의 프레젠테이션보다 실물을 연출하자는 의견이 나왔다. 최종 심사 당일 포레카 광고기획팀은 실제 촬영이 일어나는 상황을 위원들에게 실물로 보여준 결과 11대 총선 공익광고대행사로 낙점을 받았다.

당시 이 일에 관여한 포레카 임직원들이 우려했던 것은 실물제작 리허설을 한 후 최종심사에서 탈락할 경우 회사의 손해비용이 너무 크게 발생한다는 것이었다. 그러나 나는 다소 모험적이지만 프레젠테이션에서 경쟁우위적인 혁신안을 선택했다. 탈락하면 실패 비용이 드는데, 경험이라는 자산을 취득해 대차평균을 맞출 수 있다는 생각을 했기 때문이다. 선거공익광고 수주 이후 포레카의 매출순위는 상당히 상승해 향후 회사발전의 디딤돌이 되었다.

회사설립 후 어느 정도 운영기간이 경과하면 조직기반이 구축되고 내부 안정기에 들어서면서 성장과 발전을 위한 새로운 노력이 요구된다. 경영자라면 누구든 외형성장을 이루지 못하면 객관적으로 좋은 평가를 받을 수 없다는 사실을 다들 잘 알고 있다. 외형적 성장과 발전을 이루기 위해서는 캐피탈 마켓(capital market)의 내부 거래에서 발생하는 것은 고정적이거나 줄어들 여지가 있어 반드시 외부거래 시장에서 경쟁을 하게 된다. 다시 말해 성장을 위해서는 기존의 강력한 외부경쟁자들과 사활을 건 싸움을 하게 된다는 이야기다. 경쟁우위 유지를 위한 노력이 창업 시에 기울인 노력의 몇 배 이상 소요된다.

2017년 포스메이트 대표이사로 재임 시 내가 고민한 것도 바로 이런 점이었다. 포스메이트는 부동산 자산관리, 빌딩관리 및 소수리 공사 등을 전문으로 설립한 지 23년 된 안정된 기업이지만 포스코 의존도를 탈피해 안정된 수익구조와 경쟁력 있는 조직으로 거듭나기 위해 외부시장에서의 매출확대가 불가피해졌다. 이를 위해 부동산 관리 신수요 확보를 전담하는 자산사업실을 만들어 고객중심 조직개편과 전문경험인력을 외부에서 충원하는 등의 방안으로 대안을 마련했고, 빌딩 및 시설물 관리부문 매출을 증대시키기 위해 외부시장 공개경쟁입찰 전담팀을 운영했다. 여기에서 중요한 것은 포스메이트가 기존에 관리하는 빌딩관리는 최대한 유지하고, 경쟁업체의 계약기간이 만료된 빌딩관리 건은 공개경쟁입찰을 통해 낙찰을 받는 것이다. 경쟁기업도 입장을 바꿔놓으면 포스메이트와 동일한 입장이기에 외부시장에서의 경쟁은 보이지 않는 전쟁과 같은 상황이었다. 외부시장에서의 경쟁 입찰은 실제상황으로 상대방보다 신뢰 있는 정보와 고도의 판단력이 요구되는 선택을 해야 하기에 결코 쉽지 않은 일이다. 입찰과 관련된 일이어서 모든 내용을 건별로 일일이 나열할 수는 없지만, 2017년 9월에 낙찰받은 한 가지 사례를 소개해 보겠다.

이는 공공부문 32억 원 공사 공개입찰에 1,406개 업체가 응찰을 해 포스메이트가 낙찰받은 경우이다. 말이 쉬워 1,406개 업체이지, 너무나 경쟁업체가 많아서 응찰을 준비한 팀이 실시간 지속적으로 경쟁 우위에 있는 안을 내지 못했더라면 낙찰이 불가능했을 것이라 생각된다.

업체명	(주)포스메이트							
사업자등록번호	120-81-26132		대표자	박세면				
전화번호	02-528-2963		주소	서울특별시 강남구 테헤란로 504 (대치동)				
번호	공고명	입찰일자	면허	사정율	투찰지점	사정편차	최종낙찰	순위
	발주처	지역	기초금액	예정가격	투찰가격	기초대비율		
1	면목교 내진성능 보강공사-성동	17/11/09 15:00	시설물	98.5760	98.7136	-0.0624		828/-232
	서울특별시(하천)	서울	421,100,000	419,314,600	360,584,192	85.6291		
응찰 2	노원수학문화관 신축 전기공사(정기계속공사)	17/11/09 15:00	전기	98.9433	98.9436	0.0003		1406/1
	서울특별시 노원구	서울	322,355,000	319,348,525	279,892,363	86.6181		
3	노원수학문화관 신축 소방공사(상가계속공사)	17/11/09 15:00	소방	99.4185	101.1123	1.6938		608/463
	서울특별시 노원구	서울	112,752,000	112,094,406	100,032,314	88.7210		

적색으로 테두리 친 부분을 보면 32억 원 공사에 1,406개 업체가 응찰했고 이를 포스메이트가 낙찰을 받았다. 포스메이트 입찰 전담팀은 매일 수백 건의 입찰정보를 탐색하고 수주를 받기 위해 노력을 기울이고 있다.

창조적 파괴가 요구되는 기업가 정신

기업이 성장발전하면 그 기업의 적은 바로 그 자신이 된다. 안정된 기업이 과거의 성공과 현재의 번영에 안주해 변화에 둔감해지고 내부혁신을 이루지 못하고 현재의 일을 반복한다면 새로운 혁신역량으로 성장엔진을 탑재한 도전자들이 나타나서 시장을 잠식해 들어간다. 이렇듯 자연이든 사회든 모든 것은 순환하는 법이어서 영원불변하는 존재는 없다. 아무리 잘되는 기업도 언젠가는 쇠퇴하기 마련인데, 최근에는 이러한 주기가 너무 짧아지고 있기에 경영자나 조직리더는 새로운 내부혁신과 성장엔진 발굴로 경쟁우위 유지에 항상 관심을 기울여야 한다.

새로운 성장엔진을 발굴하는 관점에서 나는 슘페터(Schumpeter)의 '기업가 정신'을 자주 거론한다. 슘페터는 기업가(entrepreneur)를 '새로운 결합을 능동적으로 수행하는 것이 자신의 기능인 경제주체'라고 명확하게 정의한다. 슘페터에 의해 '기업가'는 자본주의의 역동성을 대표하는 주역으로서 획기적인 방식으로 '새로운 결합'을 수행해 기존의 균형 상태를 뒤흔든다. 슘페터는 이러한 새로운 결합, 즉 혁신의 유형을 ▲소비자들이 아직 모르는 재화 또는 새로운 품질의 재화의 생산(신상품) ▲해당 산업 부문에서 사실상 알려지지 않은 생산방법의 도입(신공정) ▲새로운 판로의 개척(신수요) ▲원료 혹은 반제품의 새로운 공급 획득(신원료) ▲독점적 지위 등 새로운 조직의 실현(신조직) 등 5가지로 정리한다. 그리고 혁신에 성공한 기업가는 추가 이윤을 가져간다고 한다.[7]

나는 여기서 말하는 '새로운 결합'을 바로 '성장엔진'과 같은 의미로 해석하고자 한다. 모든 사물을 인터넷으로 연결하는 4차 산업혁명과 같이 새로운 결합의 등장은 구 결합의 도태를 동반하는 '창조적 파괴(creative destruction)'의 개념으로 과거의 지식이나 기술, 투자를 쓸모없게 만드는 것이다. 슘페터는 기업가의 창조적 파괴행위가 바로 자본주의의 역동성과 경제발전을 가져오는 원동력이라고 강조한다. 혁신에 성공한 기업가에게 주어지는 초과이윤은 모방자들의 등장으로 자연스럽게 소멸돼 새로운 균형 상태를 이루고 다시 창조적 파괴가 요구되며 이러한 중단 없는 순환이 전체 경제를 발전시킨다는 것이다.

현재의 성공에 안주하는 순간 조만간 닥칠 위험을 피할 수 없음을 보여주는 많은 사례가 있다. 한때 수많은 사람들의 사랑을 받던 카세트테이프는 콤팩트디스크(CD)에 밀려났으며 CD 역시 순식간에 MP3에 자리를 내주었고 MP3 역시 스마트폰으로 대체되는 데 얼마 걸리지 않았다. 제록스(복사기)와 폴라로이드(즉석카메라)처럼 혁신적인 제품을 내놓으며 새로운 산업을 주도하던 기업들도 더 뛰어난 디자인이나 가격 경쟁력을 앞세운 경쟁자들에 밀려 수익률이 하락하고 있다는 사실은 경영자뿐만 아니라 우리 모두가 잘 알고 있는 사실이다.

일반적으로 규모가 작거나 신생기업인 경우 경쟁기업을 '모방'해서 시작하고 캐치업(catch up) 형식으로 따라잡은 후 '혁신'을 통해 경쟁력을 얻는다. 그러나 종국적으로 보다 지속적인 경쟁력을 갖추기 위해 '독창적인 단계'로 가는 것이 필요하다. 독창의 단계라는 것은 레드오션에서 블루오션 시장으로 옮기는 전략이기도 하다. 새로운 시장은 선점의 효과가 크기에 경쟁의 장소를 조기에 다른 곳으로 옮기는 기업은 엄청나 이익을 가질 수 있는 것이다. 그러나 이미 치열한 경쟁하에서는 비슷한 독창성으로 살아남기 어렵다. 새로운 성장엔진은 환골탈태의 정신을 가지고 애벌레가 껍질을 벗고 나비로 변신하듯 '나비형 변신'이 되어야 한다. 변신을 위해 무엇보다 명심해야 할 사항은 공급자가 아닌 수요자의 눈으로 봐야 한다는 것이다. 시장이 외면한 모든 혁신은 무용지물이기 때문이다.

2012년 하반기에 승주컨트리클럽을 기준으로 반경 30분 이내에 5개의 골프장이 동시다발적으로 새롭게 문을 열었다. 수년 전에 인허가를 받은 골프장이 그동안 공사를 마치고 문을 연 것이다. 골프장 대표이사인 나로서는 굉장히 운이 없는 경우가 되었다. 하필이면 내가 경영자로 부임했을 할 때 이런 일이 생기는가 하면서 불운을 탓할 겨를도 없었다. 골프장 한 곳이 개장을 할 때마다 승주컨트리클럽의 고객이 일일 평균 50명 정도 줄어들었다. 주말일 경우 일일 매출액이 수천만 원 정도 하락해 연말에는 당연히 적자가 예견되었다.

정말 창조적 혁신이 요구되는 절박한 시기였다. 나는 한 달을 고민해 세 가지 혁신안을 제시하고 이를 추진했다. 첫째, 신제품의 개발차원에서 4인 무기명 회원권을 발행해 내장객 추가유치도 하면서 120억 원 현금 유동성을 확보하는 이중효과를 보는 계획을 추진했다(무기명회원권은 완판되었다). 둘째, 전남지역 내 수요는 한정이 되어있기에 타 시도 지역 골퍼들을 유치해 한계점을 극복하고자 골프텔 건립을 추진했다(골프텔 40실, 1일 80명 수용 규모로 착공했다). 마지막으로 구조조정과 과감한 원가절감 방안을 추진했다(중복된 관리계층 등 인력 30%를 감축 운영했다). 신수요, 신상품, 신조직과 같은 새로운 결합을 통한 창조적 혁신을 추진해 국내 골프 산업의 영업이익실현이 어려운 가운데 승주컨트리클럽은 그해 이후 현재까지 흑자 기조를 유지하고 있다.

창업한 지 수십 년이 지난 기업의 경영자는 기업가 정신으로 혁신적인 대안을 발굴하는 데 많은 노력을 기울여야 한다. 이유는 세 가지다. 첫째, 상품의 수명주기가 더욱더 짧아지는 현시대에는 이러한 생각을 지속적으로 하지 않으면 시장에서 현재의 자기 자리를 유지하기 어렵다. 둘째, 한 회사를 대표하는 사람으로서 외형을 늘리고 조직을 확장하는 등 경영성과를 통해 인정받고 싶은 마음이 있다. 셋째, 내가 재임 시에 이 일을 했다는 창조의 기쁨을 누리기 위해서다. 호랑이가 죽으면 가죽을 남기고 사람이 죽으면 이름을 남긴다는 속담과 같이 경영자로 재임 당시 어떤 일을 이루었다는 족적을 남길 수 있다.

2010년 6월 10일 광고회사 포레카 설립 이후 전 직원 워크숍에서
'Idea Factory for Success Story'라는 회사비전과 '포스코 패밀리
의 생각문화를 만들다.' 라는 미션, 핵심가치인 '4C', 즉 Curiosity(호
기심), Creativity(창의성), Communication(고객소통), Culture(그
룹문화)를 만들고 이에 대한 공감대 형성과 앞으로 회사가 나아가
야 할 방향에 대해서 필자가 직원들에게 설명을 하고 있다. 만드는
것도 중요하지만, 반드시 전 임직원이 함께 공유하는 것이 더 중요
하다.

3장 비전과 미션에 부합한 선택

비전이 바람직한 선택 유도

루이스 캐롤(Lewis Carrol)이 쓴 『이상한 나라의 앨리스』에 나오는 앨리스와 고양이와의 대화이다.

> 앨리스: 여기서 어느 길로 가야 하는지 알려줄래요?
> 고양이: 그야 어딜 가고 싶은지에 따라 다르지.
> 앨리스: 어디든 괜찮아요.
> 고양이: 그럼 어느 길로 가든 상관없겠네.
> 앨리스: 그냥 아무 데나 갈 수 있으면요.
> 고양이: 아! 그거야 문제없지, 그냥 오래 걷기만 하면
> 　　　　 되니까.

동화에 나오는 것처럼 의사결정을 해야 할 주체인 앨리스가 가야 할 방향을 선택하지 못하면 본인은 물론 동반자들도 어디로 가야 할지를 모르고 무턱대고 걸어갈 수밖에 없다. 기업에서도 경영자가 어디로 가야 할지를 명확히 제시하지 못한다면 조직구성원들도 각자의 생각에 따라 선택할 수밖에 없다.

누군가 그랬다. 사람을 분류하는 데 몇 가지 변수만 고려해도 같은 사람이 없다는 것이다. 성별로 분류하면 남녀 반으로 나뉘고, 종교로 다시 네댓 집단으로 나뉘며, 성씨·학력·지역 등으로 나누어도 주변에는 성향이 전부 다른 사람들로 구성될 것이다. 이렇듯 각각 다른 사람의 무리 전체를 한 방향으로 정렬해 시너지 효과를 내기 위해서는 조직의 명확한 나침반이 필요한데, 이것이 우리가 일상적으로 이야기하는 비전(vision)이다. 비전은 '조직이 달성하고자 하는 꿈을 구체화한 것으로 미래의 가시화된 모습'이다.

내가 설립한 광고회사 포레카는 특정광고회사를 인수합병(M&A: merger & acquisition)한 후 이를 근간으로 일부 인력이나 기능을 보강해 설립한 회사가 아니라, 완전히 새로운 회사를 설립한 후 경력사원 중심으로 신규채용을 했기에 직원들 간에도 같은 회사에 근무한 직원들이 드물었다. 창업 당시 구성된 대부분의 직원들은 십여 개 이상의 다른 광고회사에 근무를 하다가 포레카로 합류했다. 특히 광고업에 종사하는 사람들은 개성이 상당히 강한 측면이 있어서 초창기 회사 분위기는 서먹서먹하기까지 했다.

창업 초기 회사일이 산적해 있었지만 회사가 가야 할 방향을 정하고 조직 분위기를 어떻게 이끌어나갈 것인지가 중요했다. 그래서 나는 일보다 우선해 전 임직원과 1박 2일 워크숍을 가졌다. 밤을 새면서 직원들과 토론하며 공감을 가질 수 있는 비전과 미션, 그리고 핵심가치를 만들었다. 당시 전 임직원이 함께 만든 비전은 'Idea Factory for Success Story'로 고객의 성공이야기를 써나가는 참신한 아이디어를 제공하는 광고아이디어 산실이라는 의미를 영어 표현으로 줄인 것이다. 포레카의 조직안정과 초창기 성장에는 여러 가지 요소가 작용했겠지만, 그 기저에는 명확한 비전 제시와 비전에 대한 공감대를 형성해 구성원들이 똘똘 뭉쳐서 일한 것이 있다고 판단된다.

이처럼 비전은 신설된 회사의 서로 다른 구성원을 하나로 뭉치게 하는 응집력이 된다. 또한 수십 년간 운영된 회사 조직에게도 가고자 하는 방향타 역할을 하므로 어디로 가야 하는지를 구성원들이 함께 바라볼 수 있는 좌표가 만들어진 것이다. 그래서 비전을 공유한 그들은 한 방향으로 질서정연하게 움직이며 강력한 추진력을 보일 것이다. 아울러 비전이 조직 내에 안착한다면 그것은 장기적인 관점에서 전략적인 사고와 계획을 가능하게 하는 힘이 된다. 부족한 자원을 효율적이고 효과적으로 사용할 수 있게 된다. 원칙이 흔들리지 않고 그것에 기초해 현재 상황을 재조명하기 때문에 정확한 평가와 전략적 판단이 가능하다.

추가적으로 이야기하면, 비전은 미래에 달성하고자 하는 바람직한 모습으로 거기에는 어느 정도 추상성이 있다. 하지만 달성가능하고 방향을 분명히 안내하는 구체성도 있어야 한다. 비전은 영어로 vision인데, vision의 각 철자를 머리글자로 하는 단어로 비전을 만들 때 고민해야 할 사항을 열거해보면, Valuable(가치 있는 것인가?), Inspired(생각하면 흥분되고 고무되는가?), Specific(달성하고자 하는 바가 명확한가?), Illustrate(구체화해 설명할 수 있는가?), Obtainable(노력하면 달성할 수 있는가?), Need(진정으로 원하고 필요로 하는 것인가?). 이 여섯 가지이다.[8] 비전이 바로 마음속에 구체화되어 구성원들의 가슴을 쿵쿵 울리는 그 무엇이어야지 성공할 가능성이 높은 것이다.

2013년 8월 전남드래곤즈 대표이사로 부임해 보니 프로축구단의 비전이 '세계최고의 프로축구단'이었다. 당시 팀은 국내 1부 리그 하위권으로 2부 리그 탈락을 걱정하는 처지에서 '세계최고'라는 비전은 노력하더라도 달성할 수 없고 현실과 괴리가 커서 구성원들이 고무되거나 이해관계자와 공감대를 이루기 어렵고 사실 진정으로 원하는 것도 아니라는 느낌이 들었다. 감독과 프런트 직원들과 며칠간의 토론과정을 거쳐 'The Premier JDFC(정상의 품위를 지닌 전남드래곤즈 프로축구단)'로 비전을 수정하고 서포터즈(supporters)와 공감대 형성을 위해 노력한 기억이 있다.

미션과 핵심가치

비전이 앞으로 어떤 회사가 될 것인가에 대한 미래의 꿈을 나타낸다면 이 꿈을 이루기 위해 구성원 모두가 동시에 가지고 있어야 할 공통된 사명과 핵심가치가 필요하다. 먼저 '사명'에 대해서 이야기하고자 한다. 사명은 사명감이라고 생각해도 좋다. 사명은 우리 임직원에게 맡겨진 임무라는 뜻으로 영어로는 '미션(mission)'이라고 한다. 승주컨트리클럽 재임 당시 나는 직원들에게 "당신은 회사에 왜 매일 출근합니까?"라는 질문을 해보았다. 대부분의 직원은 돈을 벌거나, 잔디 관리, 좋은 음식 만들기, 예약업무 원활 등의 일을 하기 위해 출근한다고 답을 했다. 돈을 벌거나 일하기 위해 출근한다는 것은 우리나라 어느 회사 직장인이든 일반적으로 생각하는 출근 이유이지 승주컨트리클럽 직원만이 가지고 있는 출근목적은 아닌 것이다. 나는 이 질문에 승주컨트리클럽 전 직원이 공통적으로 하는 답이 바로 승주컨트리클럽의 미션, 즉 사명이라 본다.

사명은 직원 개개인을 움직이게 하는 엔진으로 '나는 누구를 위해, 왜, 이 일을 하고 있는가?'에 대한 답이다. 그리고 승주컨트리클럽 모든 직원에게 누가 동일한 질문을 해도 항상 동일한 대답이 나와야 한다. 며칠간 고민해 만든 사명이 '한번 오신 고객이 잊지 못해 다시 찾는 명품컨트리클럽을 만든다.'였다. 승주컨트리클럽 직원이라면 모든 고객이 다시 한 번 방문하도록 만드는 것이 직원 각자의 사명이라는 뜻이다.

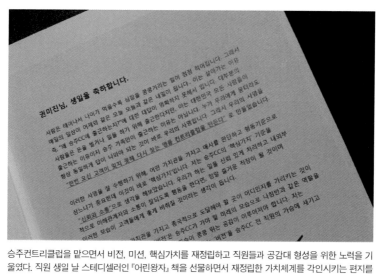

승주컨트리클럽을 맡으면서 비전, 미션, 핵심가치를 재정립하고 직원들과 공감대 형성을 위한 노력을 기울였다. 직원 생일 날 스테디셀러인 『어린왕자』 책을 선물하면서 재정립한 가치체계를 각인시키는 편지를 필자가 직접 작성해 넣어주었다.

마지막으로 핵심가치에 대해서 이야기하고자 한다. 회사에서 각자의 일을 하는 데 있어서 어떤 가치관을 가지고 의사결정을 하고 행동기준으로 삼느냐 하는 것이 가치 기준이다. 핵심가치를 공유하고 있다면 모든 구성원들이 핵심가치에 맞도록 일하고 행동하면 되는 것이지 윗사람에게 질문하거나 판단을 위해 망설일 필요가 없다. 핵심가치는 조직구성원이 함께 공유하는 우선순위 가치와 행동의 기준이다. 핵심가치는 명확해야 하며 모호하면 사람마다 제각기 다른 해석을 하게 되어 제대로 역할을 하기가 어렵다.

2017년 2월 포스메이트 대표이사로 부임한 후 직원들에게 "우리가 일할 때 기준이 되는 핵심가치가 있는가?"라는 질문을 해보았다. 단편적으로 몇 가지 이야기를 하기는 했지만 구성원 전체가 동일하게 인지하고 있는 가치 기준은 없는 것으로 보였다. 그날 이후 며칠 동안 임원들과 상의한 후, 앞으로 포스메이트 직원들은 윤리적인 사고로 고객에게 신뢰를 주며 상호소통이 잘되는 방향으로 일했으면 좋겠다는 의견을 집약해 윤리·신뢰·소통을 핵심가치로 정했다.

일본에서 경영의 신으로 불리는 마쓰시다 전기산업의 사장이었던 마쓰시타 고노스케(松下幸之助)는 그의 저서인 『실천경영철학(實踐經營哲學)』의 서두에서 이렇게 말했다. "나는 60년에 걸쳐서 사업경영에 종사해 왔다. 그런데 그 경험을 통해서 느낀 점은 경영이념의 중요성이다. 다시 말하자면 '이 회사는 무엇 때문에 존재하는 것인가? 이 경영을 어떤 목적으로, 그리고 어떤 방법으로 행할 것인가?' 하는 점에 대해서 기본이 되는 확고한 사고가 있어야 한다는 점이다(우선 경영이념을 확립할 것)." 바로 이것이 그가 오랜 기업 경영을 통해서 체득한, '경영의 신'의 핵심이 되는 내용이었다. 누구에게서 배운 것도 아닌데, 그는 경험과 지혜를 바탕으로 굉장히 이른 시기부터 경영이념의 중요성을 스스로 깨달았던 것이다. 마쓰시타 전기에서는 틈만 나면 '강령·신조'와 '7대 정신'을 복창할 뿐만 아니라, 창업자가 돌아가신 지금도 그가 남긴 저서를 통해 경영이념을 직접 느낄 수가 있다.[9]

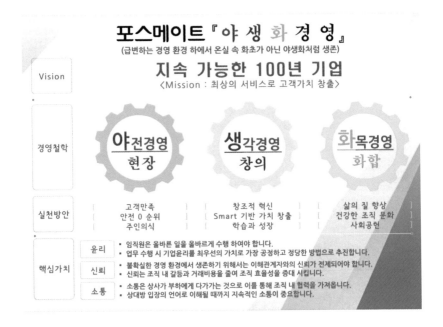

2017년 2월 포스메이트 부임 후 야생화 경영에 대한 가치체계를 전 임직원이 쉽게 이해할 수 있도록 한 장의 표로 완성한 내용이다. 야생화 경영철학은 실천방안 9가지를 통해 달성되는데, 회사 내에서 생산되는 모든 문서나 사업계획서는 이 9가지 중 어디에 해당되는 내용인지를 표기하도록 했다. 예를 들면, 외부수주 공사가 종료되어 준공보고를 하게 되면 이번 공사에서 고객을 어떻게 만족시켰으며, 안전은 잘 지켜졌는지, 이번 수주로 우리가 학습한 내용은 무엇인지 등 9가지 항목에 대해 분석하고 사업성과와 반성을 동시에 하는 계기로 삼았다.

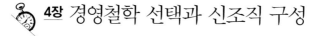

4장 경영철학 선택과 신조직 구성

경영자 철학이 중요

어떤 회사의 경영자를 맡거나 한 조직의 리더가 되면 조직구성원인 임직원들과는 대부분 처음 만나서 일을 한다. 경영이념인 비전·미션·핵심가치 등이 준비가 되어 있다 하더라도 실제 경영을 하는 경영자나 조직을 운영하는 리더가 어떤 생각을 가지고 일을 추진하는지에 대한 철학이 중요하다. 사실 임직원들로서는 경영자의 철학이 무엇인지를 정확히 파악하지 못하면 수많은 보고과정을 통해 경영자 의중을 파악하려고 시도하게 되고 이에 따른 시간 소모와 비용이 발생한다.

그래서 새로운 회사나 조직을 맡게 되면 자신의 경영철학을 조직구성원들에게 전파하는 것이 중요하고 이를 통해 조직효율성도 증대시킬 수 있다. 특히 회사 설립 당시 최고경영자의 경영철학은 조직 내 기업문화 형성의 기조를 이룬다. 포스코의 경우도 회사 창립 이후 CEO가 여러 번 바뀌면서 각자의 경영철학을 전파했지만, 그 기저에는 국가를 위하고 이해관계자와 함께한다는 초대 박태준 회장의 '제철보국(製鐵保國)'의 경영철학이 스며있다.

경영철학은 어느 날 갑자기 회사 대표이사로 내정되면 자동으로 나타나는 것이 아니다. 경영자 수준에 보임되는 분들은 그룹의 전략적 인재육성 차원에서 석세션 플랜(succession plan) 속에서 관리가 되어 개인적으로 관심이 있었겠지만, 실제 경영자로 처음 보임되면 이론과 실제라는 측면에서 개인적인 경영철학을 마련해 조직문화를 구축하는 데 다소 어려움이 있다. 특히 취임하기까지 준비기간이 짧거나 부임회사에 관련된 스탭조직기능이 미흡할 경우, 새로 취임하는 경영자가 경영철학을 준비하는 데 도움을 받기가 쉽지 않다.

　내가 포스메이트 대표이사로 내정되었다는 통보를 받은 것은 2017년 2월 3일 금요일 늦은 오후였다. 2월 6일 취임까지 2일간의 시간이 있었다. 당시 한국프로축구연맹 이사회 참석차 전남 광양에서 서울로 출장을 온 상태에서 연락을 받은지라 광양으로 내려가지 못하고 출장지 현지 숙소에서 포스메이트 현황을 일부 확인한 후 경영철학에 대한 구상을 했다. 전반적인 재무 상태나 회사현황자료를 일견하고 나서, 포스코 계열사인 포스메이트는 모사인 포스코에 의존하는 안락한 온실 속 화초가 아니라 향후 외부시장 수주율을 높여 변화무쌍한 외부환경에서 야생화처럼 살아남아야 한다는 생각으로 '야생화 경영' 철학을 만들었다. 야생화 경영은 야생화의 머리글자를 따서 야전경영=현장경영, 생각경영=창의경영, 화목경영=화합경영을 의미하는 것이다. 이를 토대로 9가지 실천방안을 만들고 이러한 내용이 들어간 취임사를 준비했다.

　경영철학을 세우는 것은 연습할 기회가 거의 없기 때문에 조직 내에서 임원으로 일하는 분들은 시행착오를 줄이기 위해 평소 몇 가지의 일처리 원칙이나 자신이 조직 내에서 어떻게 행동할 것인지를 정해 놓고 일관성 있게 추구하는 것이 좋다. 이러한 생각들이 쌓여서 결국은 개인 경영철학의 근간이 되는 것이다. 경영자의 경영철학이 명확하다면 임직원들도 여기에 부합되게 일하게 되고, 이러한 것이 조직 저변에 확산되면 기업문화가 되는 것이며, 종국적으로 조직을 이른 시일 내에 한 방향으로 이끌어 갈 수 있다.

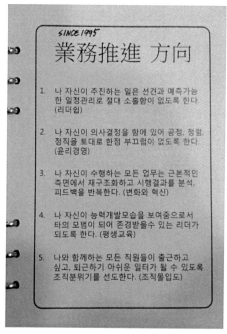

1995년 1월 1일 처음 팀장이 되어 업무 추진 방향을 설정한 것이 경영자로서 필자의 경영철학 근간이 되었다.

신조직 구성은 변화의 촉매

경영자는 회사라는 조직의 최고 정점에 있는 자리로 야구경기에서 선발투수 혹은 구원투수 역할을 한다. 인사권자는 새로운 사업에는 선발투수를 내보내지만, 기존 사업 분야는 경영자를 바꿈으로써 즉 구원투수를 보내 새로운 변화를 일으켜 성과창출을 기대한다. 구원투수로 나온 경영자는 종전 투수와는 다른 새로운 구질의 공을 던져야 구원투수의 역할을 제대로 할 수가 있다. 그러기 위해서는 주자가 몇 명 있으며, 아웃카운트가 몇 개인지, 상대방 타순은 어떻게 되는지 등 현재의 경기상황을 잘 파악하고 필요한 구질의 공을 던져야 한다.

데이비드 왕 홍콩시립대 교수 연구팀은 1994년부터 2007년까지 미국의 2,000여 개 기업을 대상으로 이들 기업 CEO의 인적 사항과 교체 빈도, 배경지식, 과거 경험 등을 조사해 해당 기업의 전략적 방향과 성과에 이런 요소들이 어떤 영향을 줬는지 분석했다. 연구 결과에 따르면 단순히 CEO를 교체했다고 해서 기업의 방향이 바뀌는 것은 아니었다. 변화를 이끌어내고 추진하는 동인은 CEO의 임기나 재직 기간이 아니라 CEO의 경험적 자산과 사회적 관계, 과거 재직했던 기업에서의 리더십 등에서 발생했다. 이런 요소들이 부족한 CEO라면 외부 스타급 경영인을 영입하더라도 기대하는 만큼 효과를 얻을 수 없는 셈이다.[10] 나는 이러한 변화를 추진하는 동인 전체를 CEO의 머릿속에 내재되어 있는 경영철학이라고 본다.

경영자로 새로운 회사에 부임하게 되면 회사가 경영자에게 법적으로 부여하는 본연적 임무, 재무 상태, 고정자산 현황, 인력현황 등에 대해 제대로 파악해야 한다. 더 나아가서는 고유의 사업과 관련된 일 외에도 조직이 존재하면 반드시 발생되는 비공식적인 내부 분위기 등 회사 전반에 대한 사항을 총체적으로 파악해야 한다. 가급적 단기간 내에 조직을 파악해야 자신이 이 회사를 어떻게 꾸려 나갈 것인지를 설계할 수 있고, 회사와 관련된 기존의 비전 수정, 사업전략의 방향설정 혹은 목표수정 등을 경영자 의중대로 할 수 있다. 사실 이 같은 과정은 한 회사의 경영자뿐만 아니라 단위 조직의 리더가 되어도 마찬가지다.

신입사원이나 중견경력사원으로 입사해 수십 년간 근무한 후 내부승진으로 대표이사가 된다면 대표이사가 되기 전에 이미 그 회사 사정에 대해 많은 것을 알고 있기에 현황파악이 훨씬 쉬울 것이다. 그러나 내부승진으로 경영자가 되는 한 사람을 제외하고는 계열사나 다른 회사의 대표이사로 부임하게 되는 경우가 대부분이다. 이렇게 다른 회사의 경영자로 가는 경우 다음과 같은 몇 가지 사항들이 새로 부임하는 경영자가 초기에 현황을 파악하는 데 걸림돌로 작용할 수가 있다.

첫째, 조직구조에 익숙하지 못하고 조직 내에 존재하는 비공식적인 정보 및 소통네트워크를 잘 알지 못한다. 둘째, 새로운 회사의 업종에 대해 이해가 다소 부족하고 조직문화를 잘 이해하지 못해서 적응하는 데 다소 시간이 소요된다. 셋째, 내부승진과 달리 새로운 인물에 대해 잘 모르기 때문에 신뢰관계가 형성되어 있지 않다. 새로 부임한 경영자와 조직의 임직원 간에 호불호에 대한 탐색의 시간이 걸린다.

일반적으로 건설공사의 경우 공정기간이 늘어나면 투자에 대한 자본비용이 더 들어 완공하고 나서도 실제 투자비용 회수기간이 늘어나게 되어 투자효율성은 떨어진다. 새로운 경영자가 부임하고 나서 초기에 조직현황을 파악하는 기간이 길어지면 그 기간만큼 일상적인 진행업무만 추진되고 전략적인 일들은 제자리걸음을 하게 되고 구조조정이나 사업계획의 수정 등 부임 초기에 해야 하는 조직의 혁신속도도 떨어지게 된다. 구원투수를 투입했는데 새로운 구질의 공을 던지지 못하는 상황을 만들어서는 곤란하다.

물론 새로운 회사를 창립한 경우와 기존에 운영이 되고 있는 회사를 맡은 경우는 입장이 다소 상이한 점이 있다. 새로운 회사는 초창기 제도정비 등 해야 할 일이 산적해 있어 영업 이외에 신경 써야 할 일이 무척이나 많지만, 조직을 경영자가 생각하는 방향으로 그려나갈 수가 있다는 것이 유리하다. 반면 오래된 회사는 기존의 프로세스가 작동하고 있으므로 기본적인 사항은 편승해가면 되지만, 이미 고착화되어 있는 것을 바꾸거나 새롭게 변화를 주기는 쉽지가 않다. 새로운 관점에서 일에 변화를 주지 않으면 새로운 CEO 효과는 얼마 가지 못하고 기존 프로세스에 함몰되기 쉽고 경영자 본인의 열정도 줄어든다. 기존의 조직에서 새로운 CEO 효과를 보는 방안으로 기본적이면서 가장 좋은 방법은 조직개편을 하는 것이다. 즉 신조직(新組織)을 만드는 것이다. 아주 작은 조직개편이라도 추진을 해야 한다.

신조직의 탄생은 새로운 사업의 추진이나 경영철학을 실천한다는 전략적 의미를 부여할 수도 있지만, 부임 초기 필요한 사람을 쓰려는 방편일 수도 있다. 기존 조직을 그대로 두고 사람만 교체하는 인사이동은 조직 내부 한편에 불만세력을 만들 수 있다. 신조직을 만드는 조직개편은 사람의 이동을 수반한다. 즉 필요한 사람을 발탁할 수도 있고 업무조정에 따른 수평적 이동을 통해 기존의 프로세스를 새롭게 변화시키는 촉매 역할을 한다.

광고회사 포레카를 설립하고 회사를 운영하는 가운데 대
표이사로서 감당하기 어려운 부탁이 간혹 들어와서 중앙
일보 권석천 기자가 쓴 칼럼(2011. 6. 15.) 제목이 마음에
들어 집무실 뒷면에 표어로 붙여 놓았다. 내방객이 찾아오
면 한 번의 잘못된 식사 자리가 나중에 큰 후회를 부른다
고 넌지시 설명했다. 그날 이후 맑은 물에는 고기가 놀지
않는다는 뒷이야기도 많이 들었지만, 회사 설립 초기에 윤
리적 기업문화를 만들기 위해 많은 노력을 기울인 한 가지
사례이다.

5장 선택은 윤리적으로

윤리경영의 중요성

우리 사회는 도덕과 윤리를 전체를 위해 개인의 희생을 강요하는 노예화의 수단으로 보거나, 현실에서는 아무 쓸모 없고 학교에서 시험 볼 때만 필요한 이론적인 것으로 치부하는 경향이 있다. 그러다 보니 과정보다는 결과를, 윤리보다는 황금을, 수단의 정당성보다는 목적을 중시하는 가치 전도의 문제에 직면해 있다. 허위와 조작으로 전 국민을 공황으로 몰고 간 황우석 사태, 변칙 증여와 정치 자금으로 드러난 재벌그룹의 비윤리적 경영, 고위 공직자들의 부동산 투기와 비도덕적인 자세, 홧김에 불을 지르거나 성폭행을 하는 범죄 등 많은 사례를 열거할 수 있다.[11]

"고속도로가 정체되어 있다면 갓길로 달려야 하는가?"

"거래처 회사의 무기명 골프회원권을 쓰기 위해 전화를 할 것인가?"

이러한 질문을 내가 하면 '뭐 그 정도쯤이야'이고 남이 하면 '윤리적으로 문제다'라고 생각될 것이다. 우리들 대다수는 물질적 성공을 추구하는 것에만 급급하고 사회 규범의 준수를 다른 사람에게만 요구할 뿐 '남이 하면 불륜, 내가 하면 로맨스'와 같이 본인은 예외 정도로 생각하고 있는 경향이 있다. 그러나 대부분의 사람들은 좋은 삶이란 다른 사람을 배려하는 이타적인 그 이상의 것이라는 것을 알고 있다. 그리고 윤리적으로 바르게 사는 삶이 궁극적으로는 진정 행복한 삶임을 알고 있다.

기업의 경우도 윤리적으로 문제가 없어야 좋은 기업이라는 이야기를 듣고 지속가능한 기업으로서 남을 수 있다. 기업을 윤리적으로 이끌어나가야 하는 이유는 첫째, 엔론(Enron)* 사태와 같이 비윤리적 기업행위는 반드시 엄청난 위험과 비용을 수반한다는 사실이다. 둘째, 기업의 윤리적 경영문화 정착은 내부구성원의 근무 태도에 영향을 미쳐 생산성 향상, 품질 제고, 고객 만족 등과 같은 기업가치 증대에 영향을 미쳐 기업의 경쟁력을 높여준다. 셋째, 정부 등 외부세력의 개입 없이 시장경제체제의 틀 안에서 기업이 효율적으로 활동하자면 기업 시민으로서 책임 있는 윤리적 행동을 수행해야 한다는 것이다. 포스코 그룹의 경우 윤리경영의 궁극적인 목적을 "전 세계의 모든 이해관계자로부터 진정한 신뢰와 존경을 받는 글로벌 초일류 기업으로 도약하고 영속하는 것이다."라고 정의하며 윤리경영에 박차를 가하고 있다.[12] 기업평판관리를 위한 표면적인 활동이나 임직원의 범법행위 방지보다 근본적인 기업의 가치관을 제대로 가져가자는 데 큰 의미가 있다고 본다.

---

* 엔론은 미국의 대표적인 에너지기업으로 15억 달러(약 1조7000억 원)의 분식회계 사실이 내부자 폭로로 드러나 2001년 12월 파산하고, CEO는 징역 24년 형을 선고받음.

깨진 유리창의 법칙

기업 차원의 큰 의미의 윤리경영도 중요하지만, 궁극적으로는 조직구성원들의 사소하지만 간과하기 어려운 윤리상의 문제가 합쳐져서 나중에는 큰 문제가 발생한다는 '깨진 유리창의 법칙'을 강조하고 싶다. 미국의 범죄학자인 제임스 윌슨(James Wilson)과 조지 켈링(George Kelling)이 1982년에 공동 발표한 「깨진 유리창」이라는 글에 처음으로 소개된 사회무질서에 관한 이론이다. 깨진 유리창 하나를 방치하면, 그 지점을 중심으로 범죄가 확산되기 시작한다는 논리로, 사소한 무질서라도 방치하면 큰 문제로 이어질 가능성이 크다는 의미를 담고 있다.

윤리도 거창한 것보다 사소한 것에서 시작된다는 것에 유념해야 한다. 특히 사람을 많이 거느리는 대규모 조직의 경영자는 '가지 많은 나무 바람 잘 날 없다'라는 말과 같이 예상치 않는 곳에서 윤리문제가 발생하는 경우가 있다. 한 조직구성원의 '한 번인데' 혹은 '이 정도야'로 시작된 부적절한 관계는 서서히 올가미가 되어 나중에는 본인의 의지와는 관계없이 깊은 늪에 빠져들어서 스스로를 파멸시킨다. 나는 일상적인 윤리교육에서 임직원들에게 사소하

2017년 11월 5일 서울 덕수궁 돌담길 끝자락에서 깨진 유리창의 법칙이 발생한 현장을 스마트폰에 담았다. 누군가 처음에 컵을 하나 버렸을 것이다.

게 생각하는 비윤리적인 것들이 모여서 나중에는 스스로를 옥죄는 '악마의 덫'이 된다는 것을 강조한다.

2011년 6월 농림부 장관을 지낸 임상규 순천대 총장은 '함바비리'에 연루되어 괴로워하다가 다음과 같은 유서를 남기고 생을 마감했다. "인생의 마지막 뒷모습을 망쳤다. 악마의 덫에 걸려 빠져나가기 힘들 듯하다. 모두 내가 소중하게 여겨온 만남에서 비롯되었다." 수사관계자들은 저명인사들이 나락으로 떨어지는 단계를 ① 한 번의 식사(지인 소개) ② 교제(골프, 술자리) ③ 봉투(상황별 부담 없게) ④ 청탁 ⑤ 만남의 끝(검찰수사), 다섯 단계로 구분하고 사소한 '한 번의 식사자리가 악마의 덫'이라고 한다.[13] 그래서인지 나는 수년간 연락이 없던 사람이 갑자기 지인을 통해 식사를 같이하자고 하면, 용건이 있으면 사무실에서 이야기하자고 의견을 제시한다.

다섯 가지 고민사항

윤리경영에서 이론과 실제의 괴리는 항상 발생할 수 있다. 이러한 관점에서 수년간 회사조직 전반을 운영하면서 내가 여러 번 고민에 빠졌던 몇 가지 사항에 대해 생각을 공유했으면 한다.

먼저 인사 청탁과 관련한 내용이다. 특히 채용과 관련된 청탁이다. 조직을 움직이는 중요한 근원이 사람인데, 자력이 되지 않는 사람을 채용해달라는 청탁에는 참으로 난감해진다. 대기업의 채용은 청탁해도 프로세스가 어느 정도 정해져 있고 인적 개입이 어렵다는 사실을 주지하고 있기에 무리한 청탁을 하는 사람이 거의 없고 청탁자에게 객관적인 사유를 잘 설명을 하면 어느 정도 이해를 하는 편이다. 그러나 인원규모가 작은 회사일 경우, "사장이 쓰겠다고 하면 채용이 되는데, 그게 뭐 어려우냐?"고 하면서 특정인을 채용해 달라는 부탁이 들어온다. 나는 다소 비난을 받더라도 어느 정도 자력이 되지 않는 사람의 채용 청탁은 대부분 거절했다.

세상살이에서 한 다리 건너면 모르는 사람이 없다. 내가 거절하지 않으면 회사 내에서는 막을 사람이 없다. 기본 자력이 부족한 사람은 채용 후 부서에 배치되더라도 적응이 되지 않아서 지속해서 골치를 썩이게 된다. 사장은 모르지만, 부서장과 동료직원들은 함량 미달 직원을 모시고 근무해야 할 형편이다. 또한 청탁하는 사람이 청탁 이후에도 경영자에게 영향력을 행사하는 위치에 있으면, 회사 일을 처리하는 과정에서 중요한 내용이 채용된 사람을 통해 청탁한 사람에게 연결되는 것을 우려해야 하는 단점이 있다. 채용에서 한 번 큰마음 먹고 거절을 잘하면 향후 인사관리나 조직 안정화에 크게 기여할 수 있다는 것이다.

둘째, 외주업체 운영에 관심을 가

> 출장은 잘다녀오셨습니까
> 포항사업소 계약직모집에
> 응시했습니다
> 사장님께 잘부탁드립니다
> 열심히 할수있는 기회를
> 한번 주시면고맙겠습니다 오전 11:43 MMS
>
> 2017년 6월 30일 금요일
>
> 안녕하세요. 참으로 오랜 만입니다. 잘지내시리라 믿습니다. 요사이 세상이 많이 변해서.... 채용 프로세스가 진행되는 동안 제가 관여하면 내부직원이 저를 청탁자로 등록을 하게 되어서 이야기 할 입장이 되지 못합니다. 이점 십분 이해를 구합니다. 감사합니다. 포스메이트 박세연 드림. 오전 9:40 MMS
>
> 이 감사합니다
> 잘알겠습니다 오전 9:41
>
> ✏ 메시지를 입력하세요 ☺

청탁을 하는 사람으로서는 '아니면 말고' 식의 직원 채용 청탁이 쉬울지 몰라도 부탁을 받는 처지에서 거절하는 명분을 만들기가 쉽지 않다. 전화로 온 첫 번째 청탁을 출장 핑계로 일단 유보했더니 메시지로 다시 연락이 온 것이다. 거절의 명분이 아니라 실제 청탁자를 등록하게 되어있는 포스코 그룹의 윤리규정을 설명해주었다.

지고 들어다봐야 한다. 내가 사장을 맡은 광고회사 포레카의 영업 활동은 TV, 신문, 라디오, 잡지와 뉴미디어인 인터넷, 케이블TV 등을 통한 전통적 광고 방식인 'ATL(above the line)'과 이벤트, 전시, 스폰서십, PPL, CRM, DM 등 현장 행사활동중심광고로 미디어를 매개로 하지 않은 대면 커뮤니케이션 방식인 'BTL(below the line)', 두 가지로 구분된다. 최근 들어 고객들이 점점 세분화되는 경향이 있다. 지상파 방송 등 상당한 영향력을 지닌 주요 매체를 중심으로 다양한 고객층을 공략하는 ATL과 달리, 개별적으로 표적 고객층을 세분해 이들에게 직접 어필할 수 있는 커뮤니케이션 방식으로 접근하는 것이 BTL이다.

BTL 업무는 대개 현장이나 지방 출장 형식으로 이루어지다 보니 다수의 전문 외주업체들이 협업으로 참여하게 되고, 현지에서 포레카 직원과 장기간 합숙을 하게 되면 이 과정에서 윤리 문제가 발생할 소지가 있다. 현재 진행 중인 협업은 물론 앞으로도 협업관계를 지속하기 위해 그들은 여러 가지 노력을 기울인다. 그러나 윤리문제를 사전에 방지할 수 있는 것은 바로 우리 자신이기에 포레카 직원 개인은 물론 회사를 보호한다는 생각에서 외주업체와 객관적인 관계유지와 현장에서 올바른 의사결정이 이루어지도록 항시 교육하고 특별히 더 관심을 가지고 관리한 기억이 있다.

셋째, 외주업체 선정보다 더 유의할 것이 구매업체 결정이다. 나 역시도 광고 수주와 빌딩관리 및 소수리 공사 수주를 위해 수십 번 공개경쟁 입찰에 참여해 보았기에 매번 응찰 후 우리 회사가 낙찰되기를 열망했다. 그리고 정말 수주를 원하는 입찰 건은 관련된 주변의 아는 분을 통해 정보를 얻어내는 등 여러 가지 방법을 동원해 낙찰받기를 희망했다. 이처럼 구매 업체 결정은 발주자가 아무리 공정하고 도덕적이라도 입찰자들이 입찰을 따내기 위해 여러 가지 방법으로 접근을 해오는 경우가 많다. 수주하지 못했을 경우 매출이 줄어 회사 운영에 지장을 주는 정도라면 상대방은 악마에게 영혼을 팔아서라도 이를 성사시키려고 할 것이다. 상대가 이 정도의 각오로 나오면 미래의 일은 아무도 예측할 수가 없다. 구매 결정에서 흔들릴 수 있는 리스크가 존재한다는 것이다.

내가 발주하는 입장에 있을 때, 여러 사람이 나의 신상에 대해 알려고 한다는 이야기를 들었다. 그리고 내가 수주하는 입장에서 회사를 운영할 때 어떻게든 발주자의 신상을 알아서 연결고리로 가져가려고 했다. 이러한 부담을 줄이기 위해 비즈니스 관계를 할 때는 최소한 자기회사와 동급이거나 그 이상의 직업적 양심을 가진 회사를 골라야 서로 탈이 나지 않을 가능성이 높다.

넷째, 원칙에 근거한 의사결정이 중요하다. 원칙과 기준이 어떠한지에 따라 조직구성원들은 거기에 적응을 한다. 원칙에 따른 의사결정은 구성원들이 어떤 일을 계획하거나 시행하는 준거 기준을 마련하는 근거가 되기에 매우 중요하다. 경영자의 임의적인 판단과 의사결정은 많은 사람들이 쓸데없는 일에 눈치를 보게 하고, 소신 없이 여러 가지 대안을 가정해서 보고서를 올리는 경우가 많다. 무원칙적인 의사결정은 별로 중요하지 않은 일들을 중복적으로 진행함으로써 시간과 비용의 낭비를 가져온다. 특히 대외관계 차원에서 의사결정은 원칙준수가 절대적이다. 한 번 정도쯤으로 생각하고 대응한 무원칙적인 의사결정이 나중에는 매우 불편한 진실이 될 수도 있다.

경영자는 이러한 원칙을 세우기 위해서도 회사 업무를 세부적으로 파악하려고 노력해야 한다. 잘 모르는 것에 대해서는 원칙을 세울 수 없고, 임의적인 판단이 되어서 윤리적인 리스크가 발생할 수가 있다. 나는 횡설수설 장황하게 이야기를 한 후, 아무 원칙이나 기준 없이 나의 눈치를 보면서 의사결정을 해달라는 임직원을 별로 좋아하지 않는다.

다섯째, 직업적 가치관을 올바르게 가지는 것도 윤리적 사고이다. 특히 승주컨트리클럽이나 포스메이트 차량사업실과 같이 서비스업에 종사하고 있는 임직원이 서비스를 제공하는 과정에서 고객에게 담배 냄새로 불쾌감을 준다면 직업적 가치관이 제대로 정립돼 있다고 보기는 어렵다. 그래서 나는 서비스업에 종사하기 위해서는 금연을 하든지, 아니면 업종을 전환하든지 본인 스스로 결정을 내려야 한다고 항시 강조한다.

이왕 화두가 되었기에 금연 이야기를 좀 더 하고자 한다. 금연도 윤리이다. 자신과 가정을 돌보지 않는 것은 윤리의 기본도 지키지 않는 것과 같다고 본다. 2002년 8월 폐암으로 62세의 나이에 유명을 달리한 코미디언 이주일 씨는 "담배, 그거 독약입니다. 흡연은 가정을 파괴합니다."라고 말한 적이 있다. 정말 담배는 독약 이상의 것일 수 있다. 독약은 먹으면 즉효가 나는 급성이지만, 담배는 즉효가 나는 것이 아니라 만성의 효과가 난다. 매일 제한된 공간과 시간 속에 생활하는 우리는 담배로 인해 그 공간과 시간의 선택 기준이 달라진다. 식당과 호텔 객실 선택, 장거리 비행, 휴식시간 활용 등 모든 것이 담배를 피우는 것 때문에 제약을 받는다. 내 의지대로 사는 것이 쉽지는 않지만, 담배로 인해 엄청난 제약과 눈치를 본다는 것도 이상한 일이다. 금연만 한다면 이 모든 것을 바꿀 수 있고, 상대적으로 많은 기회비용을 줄일 수 있다는 점을 다시 한 번 이야기한다.

황금률

경영자나 조직리더는 회사나 조직 운영상의 윤리적 리스크도 고려해야 하지만, 자기 자신에 대한 윤리적인 부분도 잘 관리해야 한다. 청소를 해본 사람은 알듯이 방바닥을 닦는 수건은 최소한 바닥보다 깨끗해야 한다. 더러운 수건으로 바닥을 닦으면 그 바닥 역시 더러워진다. 내가 깨끗하지 못하면 남에게 윤리에 대해 이야기할 것이 없다.

특히 나이가 들어가면서, 사회생활의 후반부에 해당하는 50세 이후에 잘못하면 평생 쌓아온 업적이나 명성은 헛것이 될 수 있다. 젊은 시절에는 다소 잘못을 저질러도 복구할 수 있는 패자부활의 기간이 남아 있다. 굳이 나이로 구분하자면 스무 살 시절은 세 번 정도, 서른 살에는 두 번 정도, 마흔 살에는 마지막 한 번, 패자부활의 기회가 있을 수 있지만, 오십이 넘어서 윤리와 상충되는 결과를 가져오는 언행을 하면 이를 만회할 시간이 없다. 잘 알던 주변 사람들에게 그냥 그런 사람이었다고 회자되면서 서서히 세상 속에 묻혀 버리고 만다.

톰 모리스(Tom Morris)는 그의 저서 『Beautiful CEO, Good Company』에서 윤리의 기준인 도덕적 가치관을 다음과 같이 기술하고 있다. "역사에서 보면 위대한 유대학자 힐렐(Hillel)이 유대교의 본질이 무엇이냐는 질문을 받고 이렇게 아주 간단히 대답했다는 기록이 있는데, 이것을 '황금률(The Golden Rule)'이라고 부른다. 황금률이란 '남들이 너희에게 해주길 바라는 대로 남들에게 행하라. 그들의 입장에서 너희가 대접받길 원하는 대로 남들을 대접하라.' 이다. 이것이 역사상 가장 유명한 도덕률일 것이다."[14] 나이가 들수록 역지사지 입장에서 이타적으로 생각하면서 선택을 하라는 것이 황금률이 의미하는 교훈이라 생각된다.

제2부

EXECUTION

||||||||||||||||||

생각을 성과로 이끌어내는 성공원동력

모든 위대한 성취는
행동함으로써 이루어진다.
지금껏 당신이 성공하지 못한 것은
아이디어 때문도 아니고 운 때문도 아니다.
단지 행동하지 못했기 때문이다.

이민규 교수의 저서
— 『실행이 답이다』 중에서 —

승 광(승주 컨트리클럽)

"가치경영=분재(盆栽)경영" 실현

27홀 공간제약으로 외형성장은 제한적이나 섬세한 관리를 통해
자체가치를 높여 분재와 같이 경쟁력을 지속적으로 유지하는 전략

❑ 회사가치 창출(매출: 000억 원)
  ○ 내장객: 000,000명 이상유치
  ○ 영업이익: 00억 (영업이익율 00%)
  ○ 부산, 경남, 대구 고객유치 마케팅활동
  ○ 초극한 원가절감 등 경영자립도 향상

❑ 고객가치 제고(만족도 4.2점)
  ○ 회원 주중 입장료 인하
  ○ 고객 '패널'운영으로 서비스품질관리
  ○ WOW서비스와 연계한 새마음 운동
  ○ 개장 20주년 기념행사 별도 추진

❑ 직원가치 향상(행복지수 88점)
  ○ 성과형 개선활동: QR코드 연계 VP, 5S
  ○ 집단지성활동: 바리스타, 그린키퍼 등
  ○ 신뢰소통조직: 월요편지, CEO 청문회 등
  ○ 주인의식 고취: 조직명, 명함, 뱃지개선

❑ Stakeholder 가치 증대
  ○ 주주: 최초 이익 배당 검토
  ○ 환경단체: 유기질 비료, 리튬베터리 활용
  ○ 지역사회: 유대강화적 사회공헌활동
  ○ 골프협회: 미드아마 골프대회유치

2013년 4월 19일 그룹사 사장단회의에서 승주컨트리클럽 대표이사인 필자가 발표한 경영목표
이다(주요 지표는 생략). 승주컨트리클럽의 '가치'를 올리는 것을 목표로 '분재경영' 전략을 추진
하겠다는 의지를 나타낸 보고서이다. 종전 포레카 창업 시 '흥부경영' 전략을 추진했는데, 사람은
먹을 것을 스스로 가지고 태어난다는 흥부의 논리를 빌어 직원 1인이 연간 10억 원의 매출을
올리므로 유능한 경험인력을 많이 확보하면 전체 매출액을 증대시킬 것이라는 신설회사의 경
영전략이었다. 아울러 전남드래곤즈에서는 '리빌딩경영'전략을, 포스메이트에서는 '야생화경영'
전략을 추진하였다.

🕐 6장 실행을 위한 목표설정

새로운 목표설정

앞에서 언급한 바와 같이 경영자가 비전 및 미션과 같은 경영이념을 선택했다면 이에 부합하는 구체적인 실행 목표를 수립할 필요가 있다. 기업의 비전과 미션이 기업의 목적과 가치에 대한 폭넓은 표현이라면, 목표는 기업의 비전을 달성하기 위해 활용하는 현실적이고 측정 가능한 정량적인 계획이라고 보면 되겠다.

회사라는 조직도 사람이 운영하는 것이기에 경영자 개인의 특성에 따라서 비즈니스를 보는 관점이 다소 상이할 수 있다. 이는 개인의 경험 차이에 기인하는 경우가 많다. 신설회사의 경우는 본인이 부임해서 새로운 목표를 수립하면 그만이지만, 이미 영업을 한 지 오래된 회사에 전문경영인으로 부임하게 되면 전임경영자가 마련해 놓은 목표가 이미 진행되고 있다. 그러나 이러한 목표에 대해서 다시 한 번 객관적으로 들여다볼 필요가 있다.

기존 목표의 타당성과 이를 실행하는 전략의 적정성에 대해 검토하는 과정에서 관련 산업에 대한 환경도 이해하게 되고, 개인 관점에 따라 목표나 실행전략을 일부 수정해 나가야 할 필요도 있다. 이는 전임경영자가 그동안 회사에 계속 근무를 했기에 유사한 목표가 몇 년 동안 지속되어온 부분이 있을 수 있고, 기존의 임직원들은 대부분 단기적인 관점에 초점을 두고 달성 가능한 사업 중심으로 목표를 설정한 경우가 있기 때문이다. 새로운 회사에 경영자가 되면 이러한 부분을 다시 점검해보는 과정을 통해 회사의 현황을 제대로 파악하는 계기가 되므로 이 과정은 필요하다.

2012년 3월 승주컨트리클럽 대표이사로 부임하고 보니, 회사 중장기목표가 '2020년 매출 200억 원 달성'으로 되어 있었다. 2012년 매출 목표가 120억 원이었으니 매년 10억 원 이상 매출을 증대시킨다는 중장기 목표가 설정되어있었다. 이는 당시 승주컨트리클럽 주변에 신설골프장 다섯 군데가 문을 연 시장 상황과는 전혀 맞지 않는 목표설정이었다. 이러한 목표를 달성하려면 인근 다른 골프장을 인수·합병하거나 9홀을 증설하는 실행전략이 뒷받침되어야 하는데 목표달성을 위한 실행전략은 전혀 다른 방향으로 설정되어있었다. 이에 목표를 대폭 수정해 다른 지역 골퍼를 유치해 고정자산 회전율을 높이고 구조조정을 통한 원가절감을 하는 방안 등의 목표를 다시 설정해 기존골프장의 '가치'를 높이는 '분재경영(盆栽經營)'* 전략을 추진한 바 있었다. 6년이 지난 2018년의 승주컨트리클럽의 매출액이 130억 원 수준이기에 당시 목표설정이 매우 잘못되었다는 사실을 확인할 수가 있다.

이처럼 목표라는 것은 배가 항해할 경우 최종 기착해야 할 항구

---

* 승주컨트리클럽이 27홀 한정된 공간으로 외형확장이 어려워 섬세한 관리를 통해 골프장 자체 가치를 높여 분재와 같이 작지만, 경쟁력을 지속해서 유지하는 전략.

와도 같아 목표가 잘못 설정되거나 명확하지 못하다면 배는 최종 기착지에 도착하지 못할 것이다. 목표는 10년 이상의 장기, 3~4년 기간의 중기, 1년 내외의 단기목표로 나누어지고, 장기목표는 북극성과 같고, 중기목표는 연료를 주입하고 필요물품을 선적하는 중간 기항지와 같고, 단기목표는 방향을 알려주는 등대와도 같다. 혹자는 경영이란 장기목표를 놓치지 않고 북극성처럼 바라보면서 눈앞에 놓인 단기 목표를 달성하는 균형의 승부라고 말한다.

목표수립 과정

그래서 목표를 수립하고 논의할 경우 몇 가지 사항을 생각해 보아야 한다. 특히 단기목표를 정하는 경우 목표를 시행하기 5~6개월 전에 미리 정하는 수순을 밟는 것이 좋다. 그리고 목표를 수립하는 기간 동안 구성원들과 충분한 의사소통 과정을 거쳐 경영자가 일방적으로 결정한 목표가 아니라 단위조직이나 개개인의 의견이 수렴되어 전사목표가 확정된 것으로 유도해야 한다. 이때 경영자는 항시 목표가 회사에서 추구하는 전략적 방향과 부합하는지를 확인하고 거시적인 측면에서 화두가 되는 것은 목표수립 전에 핵심그룹과 토의하는 과정도 필요하다.

조직구성원들이 목표수립에 동참을 시키는 것은 목표는 불가능한 것을 가능하게 하는 가장 좋은 동기부여 수단이기 때문이다. 미국의 예일 대학교에서 졸업생을 대상으로 조사한 설문 중에 이런 내용이 있다. "당신은 인생의 구체적인 목표와 계획을 세우고 있습니까?" 졸업생 중 3%의 학생만이 구체적인 목표와 계획을 세우고 있었고 그 목표를 글로 써서 가지고 있다고 대답했다. 나머지 학생들은 목표는 있지만, 그저 생각에만 그쳤거나 아예 없다고 대답했다. 그 결과 20년이 지난 후 남아 있는 사람 중 구체적인 목표와 계획을 세우고 있었던 3%의 사람들이 나머지 97%의 사람들이 가진 부를 모두 합친 것보다 경제적으로 훨씬 부유하게 살아가고 있었다.**15** 이와 같이 명확한 목표를 가진 사람이 더 열정적으로 움직여 성과를 낸다는 실증연구결과가 있다.

해마다 시무식에서는 그해 경영목표를 발표한다. 이러한 목표발표 시점은 1월 시무식이지만, 목표작성의 고민은 최소 전년도 7월이나 8월에 시작해서 11월에 완성하고, 12월에는 임직원들과 이듬해 가고자 하는 방향에 대한 커뮤니케이션을 완료해야 하는 것이다. 요즈음 과거 대비 경영환경이 워낙 급변하므로 나의 경우 매년 일사분기가 지나면 내년도 먹거리를 걱정한 경우가 많았다.

목표수립 방법

목표를 조기에 수립하는 것도 중요하지만, 목표를 수립하는 방법도 중요하다. 목표수립방법에 대해 많은 전문가 의견이 있지만, 존슨앤드존슨 CEO를 지낸 아타라시 마사미(新將命) 사장이 언급한 스마트(SMART)방식**16**이 필자의 마음에 닿아 다음과 같이 재해석

RE: 한해를 감사하며...

발신인	박세연
발신일	2012년 1월 05일 목요일 03:44오후
수신인	박혜령
참조인	

우리 혜령이가 어른 되어 가는 모습이 조금 보인다. **3년 차**
좋은 현상이어서 아빠가 기분이 좋음

아빠는 올해 부터 3년 동안 마케팅전공 박사과정 해야 하기에 실질적인 목표가 생긴것이나 다름이 없음

그리고 부수적인 목표는 2012년 1년간 해커스 아침에 영어학원 다니기(가제: 잃어버린 영어성적을 찾아서-토익 900점 목표)
2013년 7월경 새로운 책(가제; 『CEO가 고민해야할 50가지』출판 정도 목표를 세웠다. **1년 차**
지금 한 30페이지정도 글을 쓰고 잇으며 지나다니는대로 부수자료를 정리하는 중.

너무 무리인가?
그래도 구체적 목표를 두어야 될것 같아서 **2년 차**

열심히 2012년 해보자
아샤아샤아샤!

2012년 새해 아침에 딸로부터 지난 한해를 감사한다는 메일이 와서 답신한 내용이다. 필자 스스로 동기부여를 하고자 3년간 개인 목표를 설정한 내용인데, 영어학원은 2012년 1월부터 회사 출근 전 새벽 6시에 3개월 다녔고, 2013년에 『CEO가 고민해야 할 25가지』를 출간했으며, 당초 목표일정보다 2년 늦은 2017년 2월 경영학 박사학위를 받았다. 이 세 가지 목표를 세울 때 필자 나이 54세였다.

했다. 스마트방식의 목표설정방법은 많이 들어서 우리에게 익숙한 점이 있지만, 실질적으로 목표수립과정에서 흔히들 간과하는 측면이 있기에 다시 한 번 이야기하고자 한다.

▲ **S**: Stretch(늘려 잡을 것) 당초 계획 대비 15~20퍼센트 늘려 달성할 수 있는 난이도 있는 목표가 가장 좋다. 그래야 의욕이 생겨 당초의 목표를 달성하거나 상회하는 결과를 가져온다.

▲ **M**: Measurable(측정 가능한 것) 객관적으로 결과를 측정할 수 있는 숫자가 있을 때 평가가 가능해지고 도전할 목표가 구체화된다. 정성적인 목표는 완전히 없다고 생각하는 것이 좋다.

▲ **A**: Accepted(납득할 수 있는 것) 직원들이 목표설정에 직접 참여해 목표실행에 공감대가 형성되어야 한다. 톱다운 방식으로 큰 목표가 설정이 되면 개별 목표를 재정렬하고 공유한다.

▲ **R**: Resource(경영자원이 뒷받침될 것) 목표의 난이도에 따라 자금계획 등 경영자원이 얼마나 필요한지 사전에 준비해두어야 한다. 자원이 뒷받침되지 않으면 실행될 것이 없다.

▲ **T**: Time(시간 설정) '언제까지'라는 마감 시간을 설정한다. 시간이 설정되어 있지 않은 목표는 잘 달성되기가 어렵고 지연된 목표는 초과 비용부담을 초래하는 경우가 많다.

목표를 수립하는 방법을 알고 목표를 수립하는 데 있어서 경영자가 추가로 고려할 사항이 한 가지 더 있다. 경영학을 처음 배우면 가장 먼저 언급되는 효율성(efficiency)과 효과성(effectiveness)에 관한 것이다. 효율성은 투입과 산출을 대비한 것으로 최소한의 투입으로 최대한의 산출을 얻는 것이다. 효율성은 목표달성을 위한 수단으로 효율성이 있다고 해서 반드시 성과가 보장되는 것은 아니다. 반면 효과성은 올바른 목표의 선택과 달성 여부에 관한 것이다. 전자가 자원의 사용을 최소화하는 능력인 일을 옳게 하는 것(do things right)이라면 후자는 옳은 일을 하는 것(do right things)을 의미한다.[17] 예를 들어보면, 배추농사를 지어 생계를 유지하는 농부가 일 년 동안 배추를 잘 키워 가을철의 수확량을 전년보다 늘린 것은 효율성 있게 일을 한 결과이다. 그러나 전년 대비 여러 농가에서 배추를 많이 경작해 수요보다 공급이 많아 시장에서 저가에 팔리거나 팔리지 않는다면 효과성은 떨어지는 것이다.

경영의 구루 피터 드러커(Peter Drucker)는 "하지 않아도 될 일을 효율적으로 하는 것만큼 쓸모없는 일은 없다."라고 말했다. 즉 효과가 전혀 나지 않는 일을 효율적으로 열심히 해보아야 경영성과에 도움이 되지 않고 비용만 낭비하는 결과를 가져다준다는 것이다. 기업이 목표를 수립하는 경우에 열심히 목표를 달성했는데도 성과가 나지 않는 목표를 세우는 경우가 간혹 있다. 특히 조직의 아래 계층으로 내려갈수록 효과가 나지 않는 건수 중심의 목표를 세우는 경우가 자주 발생한다. 이는 회사가 추구하는 목표와 하부 조직의 목표가 괴리되었을 때 발생할 가능성이 크므로 경영자나 조직 리더는 이러한 목표가 있는지를 항상 자세히 살펴보아야 한다.

항상 기억하고 있어야 하는 목표

골프를 칠 때 공이 잘 안 맞는 경우는 목표를 놓쳐서이다. 공을 잘 치기 위해서는 목표인 공을 클럽으로 타격하는 순간까지 잊지 말고 주시해야 한다. 운전 중에도 운전이라는 목표에 집중하지 않고 내비게이션을 조정하거나 혹은 메시지를 보내는 등의 부주의한 행동을 하면 차선을 이탈하는 경험을 한 적이 있을 것이다. 경영자로서 임직원들과 회의나 토의를 하다 보면 회사가 정해놓은 목표를 한순간 잊어버리고 토론이 진행되는 경우가 있다. 앞서 언급한 바 있지만, 기업의 목표는 아주 단순하게 '이윤 극대화(profit maximization)'로 집약된다. 기업의 목적이 사회적 책임을 다해야 한다거나 혹은 여러 이해당사자(stakeholder)를 만족시켜야 한다는 주장을 하는 분들은 나처럼 이윤 극대화를 너무 강하게 주장하는 경우 기업생태계 전체차원의 동반성장과는 다소 거리가 있는 사람으로 취급한다.

그러나 현실적으로 보면 적자가 나면서 고객, 협력사, 지역사회, 종업원, 주주 등의 이해관계자에게 뭔가를 해주기는 어렵다. 기업이 자본비용을 상회하는 이익을 내지 못하거나 적자를 내는데 종업원의 월급을 올리고 주주에게 배당하며 복지시설에 기부를 할 수는 없는 것이다. 기업의 여러 이해당사자는 외견상으로는 서로 다른 목적을 추구하는 것처럼 보이지만, 대부분 이들의 목적은 기업 활동에서 창출되는 이윤을 어떻게 분배할 것인가가 중요한 문제로 서로 상충하거나 조정될 수 있다.

경영자로서 적자가 나는 기업을 운영한다는 것은 정말 엄청난 스트레스와 긴장의 연속이다. 그룹사 사장단회의에 참석하면 회의가 끝나는 내내 좌불안석이다. 적자가 나는 회사의 대표이사를 회장님이 그냥 지나치지 않는다. 반드시 적자의 사유와 대책을 질문한다. 여기에서 답변이 한번 삐끗하면 어떻게 되는지는 독자의 상상에 맡긴다. 이러한 상황을 일반직원들은 경험하지 못하기에 경영목표수립에 대해 토론하게 되면, 이윤과 직결되지 않는 목표들이 산재되어 토론의 핵심을 흐리게 되는 경향이 있다. 일반적으로 경영자인 입장에서 나는 '돈을 많이 벌어오거나 가성비(價性費) 높게 잘 쓰는 방안'을 제시하는 임직원이 예뻐 보인다는 것이다.

2016년 전남드래곤즈 프로축구단 경영목표를 수립하면서 그룹 차원의 예산삭감으로 적자가 예상된다는 기획부서의 손익계산서를 보고받고 나서, 나는 손익계산서를 거꾸로 놓고 고민을 했다. 손익계산서 제일 위에 순이익을 제로로 쓰고 판매 및 일반관리비 절감 목표와 광고유치 등 매출증대 방안에 대한 목표액을 정하고 그

것을 달성하는 실행목표를 수립하고 이를 달성하기 위해 동분서주한 기억이 난다. 이렇듯 경영자는 항상 이윤을 실현하거나 경우에 따라서는 적자만은 내지 않겠다는 목표를 놓치지 않고 회사를 운영해야 한다.

2016년 9월 11일 세레소 오사카 프로축구단의 생산운영
프로세스를 벤치마킹하고 필자가 메모한 것이다. 세레소
는 프로선수를 철저히 유소년에서 육성하는 시스템으로
유소년 팀은 성적보다 선수 개인능력과 기술향상에 초
점을 둔다고 한다. 그러기 위해서는 우수한 유소년 자원
확보, 최고의 지도, 스태프의 지원능력이라는 3가지 육성
환경 조성이 필요하다고 한다. 우리나라의 유소년 팀의
생산운영 프로세스는 성적과 결과 중심으로 성인이 된 후
발전성이 일본보다 적다고 한다. 전반적인 축구발전과 우
수한 선수 수급을 위해서는 전남드래곤즈 역시 경영자나
감독이 바뀌어도 장기적인 관점에서 유소년 육성정책을
지속해야 한다는 시사점을 제시했다.

7장 생산운영 프로세스의 적합성

동시 만족이 요구되는 패러독스 경영

생산운영관리 분야의 대가인 로버트 제이콥스(Robert Jacobs) 교수는 그의 저서 『전략적 운영관리(Operation and Supply Management)』에서 다음과 같이 이야기하고 있다. "신제품 혹은 기존제품에 대한 고객 요구를 반영한 제품을 만들기 위해 경쟁 차원에서 고객 요구 사항을 확실히 반영하는 역량 있는 기업이 되기 위해서는 품질, 가격, 스피드, 유연성 이 네 가지가 수반되어야 한다."[18] 물론 이 네 가지 요소는 서로 이율배반적인 것이다. 어느 한 가지를 달성하기 위해 다른 것을 희생해야 하는 경제적 트레이드 오프(trade off)관계에 있어 경영자로서는 경쟁우위를 유지하기 위해 제한된 자원을 우선순위에 따라 어떻게 투입해야 할지를 고민해야 한다.

축구단 사장 재임 시 간혹 받는 질문이 축구에서 오프사이드(offside)라는 경기규칙에 대한 것이다. 오프사이드는 판정도 애매해 논란이 많은데 이 규칙을 없애면 골이 많이 들어가서 관중도 좋아할 것이라는 이야기이다. 그러나 나는 오프사이드 규칙은 축구를 보다 재미있게 발전시키는 제도로 필요하다고 답변을 한다.

축구는 농구, 핸드볼, 탁구, 테니스처럼 제한된 좁은 공간이 아니라 상당히 넓은 공간에서 22명이 하는 경기이다. 넓은 경기장에 22명이 제각기 움직인다면 소위 말하는 동네축구가 되어 재미를 반감시킬 것이다. 오프사이드는 이러한 넓은 경기장에서 공격 시 사용할 수 있는 지역을 온사이드(onside)로 제한함으로써 패스 등의 전술적 수단으로 공간을 창출해 골을 획득하도록 하는 규칙이다.

이러한 오프사이드라는 제약을 넘어서서 골을 넣을 수 있는 방법은 선수 개인의 품질인 기량이 월등하게 뛰어나 수비를 피해갈 수 있거나, 한 박자 빠른 패스 등 스피드로 수비라인을 무너트리거나, 상대 수비형태에 즉각적으로 대처해나가는 유연성 있는 공격전술 등이다. 기업이 아닌 축구경기에서도 오프사이드라는 제약요인을 넘어서 골을 넣고 경기에 이기기 위해 품질, 스피드, 유연성이 요구되듯이, 수많은 욕구를 지닌 고객을 상대로 경쟁하는 기업 입장에서는 생산운영체제에 있어 가격을 포함한 이 네 가지 요소가 매우 중요한 요소이다.

수학공부를 해도 인수분해 등 기초가 튼튼해야 미적분과 같은 어려운 수학문제를 다룰 수가 있듯이 생산운영 프로세스를 좀 더 면밀히 파악해야 의사결정의 오류도 줄이고 장기적이고 거시적인 투자도 할 수 있다. 일반적으로 경영자는 전략적 차원의 큰 그림만 그리는 사람으로 생각하는 경향이 있지만, 생산운영 프로세스의 근본적인 부분을 제대로 알아야 해당 업종에 대한 전략도 세울 수 있고 창의적인 발상도 생긴다는 것이다. 세밀하면서도 거시적이라는 것은 서로 상충되는 요소들이 한 조직 내에서 상호 조화를 이

루면서 공존할 수 있도록 관리하는 경영 방식인 패러독스 경영
(paradox management)이다.

생산운영 프로세스의 적시성

생산운영 프로세스는 기업운영의 적시성과도 관계가 된다. 한 발짝 먼저 움직여야 할지, 아니면 한 타임 늦추어야 할지는 해당 기업의 생산운영 프로세스가 진행되는 상황을 모르고는 대처하기 어렵다. 포레카와 같은 광고회사는 수주산업으로 분류된다. 수주산업이 일반 제조업과 다른 것은 주문을 받아야 생산운영 프로세스가 작동된다는 것이다. 미리 계획생산을 해서 시장에 내놓는 푸시(push) 전략을 채택하지 못한다는 점에서 제조업과 차이가 있다. 자동차제조업은 주문생산에 의한 판매도 하지만, 미리 완성차를 만들어 놓고 판매하는 경우도 있다. 이러한 제조업과 달리 수주산업은 내년 이후 먹거리를 올해 장만해 놓아야 한다. 올해 경영성과가 좋았다면 지난해 수주활동을 잘한 것이고, 올해 매출이나 영업이익 등에서 성과가 좋지 않다면 전년도에 수주활동을 게을리한 것이다. 건설이나 광고와 같은 수주산업은 매출액보다는 수주액에 더 많은 관심을 가지는 것도 이러한 이유 때문이다.

일상적인 생산운영 관련 보고는 경영자가 듣기에 별문제가 없는 듯한 보고가 예상 밖으로 많아서 생산운영 프로세스를 정확하게 파악하지 못하면 문제의 핵심도 파악하지 못해 그냥 지나치거나

다른 처방을 내려 시간과 비용이 엉뚱한 곳에 낭비되는 경우가 발생한다. 골프장의 경우 비나 눈이 오면 고객이 급감해 매출이 줄어든다. 비나 눈이 오는 경우에 고객들은 세 부류로 나뉘는 편이다. 첫째 부류는 전화상으로 기상 관련 경기진행 가능 여부를 묻는 고객이다. 둘째 부류는 일단 골프장 클럽하우스까지 와서 상황을 보고 경기를 할지 말지를 결정한다. 셋째 부류는 골프광으로서 웬만한 기상조건이라도 경기를 진행한다. 셋째 부류에 해당하는 고객은 날씨와 무관한 열혈고객이기에 이런 분들의 의견은 골프장에 극단적으로 우호적이다. 눈이 오는 어느 날 내장객 감소를 우려하고 있던 차에 직원이 들어와서 다음과 같이 이야기한다.

"사장님, 운동 중인 고객 분들에게 물어보니 현재 코스 상태가 나쁘지 않다고 하니 너무 우려하지 않아도 될 것 같습니다."

골프장에서 우리가 말려도 본인들이 원해서 운동 중인 고객이 코스에 대해 하는 이야기는 생산운영 프로세스에 아무런 도움이 되지 않는다. 그래서 어떤 보고를 받게 되면 질문에 질문을 거듭해 볼 필요가 있다. 오래전에 한 팀을 맡아 일할 때 모 임원께서 내가 모른다고 할 때까지 질문하던 것을 기억한다. 당시에는 이분이 나를 테스트하거나 면박을 주려는 모양으로 비쳤으나, 지금에서야 다시 생각해보면 세부적인 생산운영 프로세스를 파악하려고 질문을 계속했던 것이라는 것을 알 수 있었다.

생산운영 프로세스의 5가지 관점

제조업이든 서비스업이든 해당 업종의 생산운영체계를 정확히 모르면 사실 경영하기가 어려우므로 업종이 다른 분야에 가면 그 업종의 근본적인 생산운영 프로세스를 먼저 파악해야 한다. 또한 이러한 과정을 통해 해당 조직을 잘 파악하고 조직을 빠르게 장악하는 계기가 된다. 경영자가 모르면 조직 내에서 소위 전문가라고 자칭하는 장기보직자들끼리 그들이 일하기 좋은 방식으로 회사의 모든 프로세스를 운영한 뒤, 문제가 발생하면 그때서야 보고한다. 다음은 내가 경영자가 되고 나서 수년 동안 고민스러웠던 생산운영 프로세스 항목 중 나름대로 중요하다고 생각하는 몇 가지를 이야기하겠다.

첫째, 생산운영 프로세스 관리는 모든 경영자와 조직 리더의 중요한 임무이다. 좋은 품질에, 낮은 원가로, 빠르고, 효율적으로, 제품이나 서비스를 제공하기 위해서는 어떻게 해야 하는가가 생산운영프로세스관리에서 중요한 관점이다. 골프공을 만드는 볼빅(Volvik)의 경우, 고무와 콜크 등의 자재를 공급받아 일련의 생산 프로세스를 거쳐 골프공을 만들어 내는 생산과정과 이 공을 대리점에 유통하거나 고객에게 직접 판매하는 운영과정을 거쳐 이익을 창출한다. 볼빅은 생산에서는 '품질'을 우선으로 운영에서는 '고객감동'을 모토로 시장 내에서 경쟁우위를 유지하고 있다.[19] 기업이익의 가장 큰 원천과 원가절감의 핵심요인은 생산과 운영관리에서 찾을 수 있다. 근자에 인터넷 쇼핑 혹은 스마트 앱의 등장으로 소비자

시장의 형태가 변화한다고 추세를 착각하여 생산과 운영이 이루어지는 곳을 굴뚝 산업으로 치부해 이를 관리하는 데 소홀한 경우가 많다. 모든 조직의 리더는 생산 현장이나 운영프로세스에서 그 마음이 떠나서는 절대 안 된다.

둘째, 생산운영프로세스상에서 회사의 전반적 총량관리 지표인 매출액과 영업이익에 영향을 주는 변수를 잘 관리해야 한다. 기업의 성장성이나 미래지향적인 측면을 나타내는 주요 지표가 매출액이다. 매출액은 경영환경이 어떠하더라도 최소한 전년 이상이어야 한다. 모든 기업의 경영분석에서 매출 하향세 기업을 미래지향적이라고 보지는 않는다. 골프장 내장객이 줄면 인근 골프장 대비 가격 인하 건의가 올라온다. 박리다매하자는 의견인데, 나는 우리가 근본적인 원인해결을 위한 노력이나 경쟁을 하지 않고 가격할인 등 편안하게 매출을 올리는 방안은 장기적으로 손실을 증대시키는 원인이 될 것으로 본다. 왜냐하면 가격 인하 정책은 주변 경쟁업체 간에 소모적인 과열경쟁을 부추겨 종국적으로는 동종 산업 전체가 피해를 보고, 한번 싼 맛을 들인 고객들은 가격저항심리가 생겨 다시 가격을 인상한 제품이나 서비스를 팔기 어렵다는 것이다. 또한 영업이익은 기업의 고유활동으로 얼마를 벌 수 있는가를 나타내는 주요 지표이자 동종업 간 경쟁력을 대비해보는 지표이다. 영업이익을 많이 내기 위해서는 매출을 늘리거나 생산운영 프로세스에서 발생하는 원가를 잘 통제해야 한다.

셋째, 재고관리 중요성을 언급하고자 한다. 일반적으로 경영학을 공부하지 않더라도 상식적으로 '경제적 주문량'* 개념은 잘 알고 있다. 이렇듯 재고관리는 들어본 듯하고 잘 알고 있는 용어 같지만, 실제 관리에서 흔한 개념만큼 제대로 관리되는지 의문을 가져 봄 직하다. 재고관리는 두 가지 관점에서 해석해야 한다. 먼저 재고가 증가하는 현상은 생산프로세스상에 병목현상이 발생하고 있다는 점을 알려준다. 효율적인 흐름을 보여주지 못하는 공정에

2012년 6월 22일 승주컨트리클럽 재고관리를 5S(정리, 정돈, 청소, 청결, 습관화) 방식으로 변경해 재고가 완전히 노출되도록 했다. 재공품이든 판매품이든 숨겨진 재고가 없도록 관리하는 것이 생산운영 프로세스의 효율성 측면에서 중요하다.

서 처리속도가 늦어 재고가 증가하는 것이다.[20] 다음으로 재고 증가에 따른 진부화·보험·기회비용 등의 재고유지비용이 발생하게 된다. 미국의 경우 재고관리의 평균비용은 제품가치의 30~35% 정도이다. 이러한 재고비용을 절감하면 바로 이익과 직결되는 항목이다. 골프장 클럽하우스를 운영하면서 식품과 관련된 재고를 줄이려고 노력을 많이 했다. 식품은 쉬 변할 수 있기에 진부화에 따른 비용과 장기보관을 위해서는 냉동설비 비용이 많이 들고, 오래된 부식 자재의 경우 제맛을 내기 어려워 철저한 재고관리가 요구되는

---

* EOQ(economic order quantity): 주문비용과 재고유지비가 최소가 되게 하는 1회 주문량.

분야이다. 그래서 주기적으로 현장에 가서 직접 냉동 창고를 열어 보고, 여러 가지를 확인해 재고관리에 경각심을 가지도록 한 바가 있다. 아무래도 경영자가 방문하면 더 신경을 쓰는 게 조직의 원리 아니겠는가.

넷째, 물류관리에 큰 비용이 든다는 사실을 아는 사람은 의외로 적다. 생산된 제품 혹은 서비스를 공급하거나 원재료를 공급받기 위해서는 물자운반에 많은 비용을 지불한다. 일부는 이러한 비용이 물품값에 포함되기에 이를 간과하는 경우가 많다. 예를 들어, 우리가 집에서 프라이드 치킨을 주문한다면, 배달원의 인건비, 오토바이 감가상각비, 휘발윳값 등이 이미 프라이드 치킨 값에 배분되어 있다고 보면 된다. 아마 이러한 비용을 구분해 명시하면 약 10% 정도가 물류비용이라고 할 수 있다. 미국도 9% 내외가 물류비용으로 지급되는 등 선진국 대부분이 이 정도의 비용을 지불한다. 그만큼 물류산업은 거대하고 발전 가능성이 많은 분야이지만, 사람들은 산업의 중요분야로 생각하지 않는 경향이 있다. 현재에도 주요기업의 물류분야에 종사자들은 자신이 마케팅, 투자, 재무, 인사 등과 비교해 핵심 분야에서 다소 거리가 있는 것으로 생각한다. 하지만 회사 전체 입장에서는 물류분야의 중요성이 경쟁력에 영향을 미친다는 사실을 알고 잘 관리해야 한다. 사소한 예시이지만, 회사에서 한 번에 구매한 휴지를 공급업체가 화장실별로 순환공급하면 원스톱으로 진행이 가능하지만, 재고관리를 한다면서 한 곳에 납품을 받아 적치한 후 출납대장을 쓰고 다시 배분한다면, 휴지 값보다는 배분에 따른 인건비 등 물류 기회비용이 부가적으로 더 들 수가 있다.

　다섯째, 핵심기술을 근간으로 하는 새로운 제품과 서비스 개발에 관심을 가져야 한다. 기업의 지속적인 경쟁의 원천이자 이익의 근원이 바로 이러한 핵심기술이기에 이를 잘 관리하고 상품화 가능한 곳에 R&D 비용을 지속해서 투입해야 한다는 것이다. 전문경영인을 단기업적으로 평가하는 기업의 특성상 당대의 업적을 남기기 위해 장기적인 R&D 비용을 투자하는 결정은 쉬운 일이 아니다. 그러나 지속가능한 경영과 기업의 존속을 위해 경영자는 이러한 투자에 부담을 가져서는 안 된다. 아울러 생산에 있어 핵심적인 기술이나 연구자료, 그리고 해당 인력도 잘 관리해야 한다. 프로축구단의 경우, 프런트의 가장 핵심기술은 선수 선별을 잘하는 것이다. 선수를 선별하는 스카우트는 골을 잘 넣는 선수를 적은 비용으로 사오는 것이 핵심기술이라 하겠다. 특히 외국인 선수를 데려오는 경우는 기초통계자료와 실제 경기내용을 보고 선별을 하는데, 이러한 선별과정이 한 해 그 팀의 리그성적을 결정하는 중요한 기술이 된다. 그래서 축구단 사장은 기술 좋은 스카우트를 보유하고 있어야 한다.

　또 기업의 경영환경은 토너먼트이지 프로야구처럼 오늘 져도 내일 이기면 되는 리그전이 아니다. 패배하는 순간 이제까지의 공적은 제로가 된다. 지속해서 일등을 유지하기 위해서는 주력상품과 서비스에 대한 끊임없는 연구개발이 필요하다.

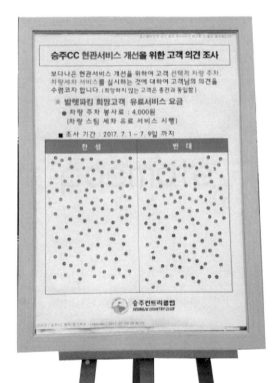

2017년 6월 중순쯤 승주컨트리클럽 고객 일부가 현관 발레파킹과 세차서비스를 해주면 좋겠다는 의견이 접수되어 시행여부에 대해 필자의 의견을 물으러 왔다. 고객 요구사항 시행여부는 경영자인 필자가 결정하기보다는 다수의 고객에게 물어 확인하는 것이 좋겠다는 의견을 제시했다. 해당 서비스에 대한 적정가격 등 관련 사항을 검토한 후 서비스 시행 찬반을 고객에게 직접 확인한 결과 반대가 좀 더 많았다. 객관적으로는 수익자만 비용을 부담하는 좋은 서비스인데, 실제 조사해본 결과 고객에게 심적으로 부담되는 서비스로 확인되었다.

8장 모든 조직은 고객을 위해 존재

고객 중심적 사고

2010년 7월 포레카 대표이사로서 새로운 회사를 꾸린 지 얼마 되지 않았을 때의 일이다. 광고를 수주하기 위해 광고주 회사 CEO분들을 방문해 비즈니스 미팅을 한 적이 있다. 광고업은 '광고주'를 줄여 '주님'으로 호칭할 정도로 치열한 수주산업이다. 그래서 상대 CEO와 첫 만남의 중요성을 누구보다도 잘 아는지라 정갈하고 단정한 모습으로 인사를 하면서 명함을 드렸다. 응접실에 앉아 이야기를 시작하려는데 상대방이 나의 명함을 한참 들여다보다가 나를 당황스럽게 하는 말을 꺼냈다.

"박 사장, 아직 박 사장 회사는 아쉬운 게 없군요."

"무슨 말씀이신지?"

상대방의 이야기 핵심을 정확히 파악하지 못한 나는 반문을 했다.

"박 사장의 명함을 보니 휴대전화 번호가 없는데, 광고 수주활동이 일과 중 사무실에서만 발생하는 것도 아니고 비즈니스 차원에서 내가 긴급히 통화할 일이 생겼을 때 어떻게 박 사장을 찾으면 되는지 궁금합니다."

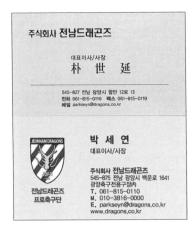

주식회사 **전남드래곤즈**

대표이사/사장
朴 世 延

545-827 전남 광양시 함만 12로 13
전화 061-815-0110 팩스 061-815-0119
메일 parkseyn@dragons.co.kr

박 세 연
대표이사/사장

주식회사 **전남드래곤즈**
545-875 전남 광양시 백운로 1641
광양축구전용구장內
T. 061-815-0110
M. 010-3816-0000
E. parkseyn@dragons.co.kr
www.dragons.co.kr

전남드래곤즈
프로축구단

2013년 8월 전남드래곤즈 대표이사 부임 시 직원들이 미리 만들어 놓은 종전 양식의 명함(위)에 휴대전화와 엠블럼이 없어서 고객 관점에서 명함(아래)을 다시 만들었다. 또한 광고수주가 중요한 축구단은 고객에게 '주식회사'를 파는 것이 아니라 상품인 '프로축구단'을 파는 것이기에 이 표현이 우선적으로 들어가도록 했다.

순간 나는 당황했으나 그분의 말은 계속 이어졌다.

"최근에 불필요한 전화가 자주 오는 경향이 있어서 휴대전화 번호를 명함에 표기하지 않는 분들이 많은데, 이는 상대방을 전적으로 배려하지 않는다는 뜻이기도 합니다. 박 사장이 명함을 아무 데나 주는 것도 아니고 그 명함을 받는 사람 수준이라면 충분히 예의를 갖출 것입니다. 특히 수주활동이 마케팅의 주된 기능인 회사는 반드시 모든 연락처를 명기해 고객이 편리하게 연결되도록 해주어야 합니다. 수주활동에 아직 경험이 적은 것 같아서 오늘 사회 선배로서 드리는 말씀이니 오해 없기를 바랍니다."

나는 이 말을 듣고 고객 중심의 사고와는 거리가 있었다는 생각이 들어 다음날 바로 명함을 바꾸었다. 이처럼 사소한 것이지만 고객을 우선적으로 생각한다는 게 매우 중요하다는 관점을 일깨워 준 일화이다.

100-1=0

고객과의 관계는 대부분 마케팅 업무나 서비스를 제공하는 말단에서 일어난다. 하지만 회사의 어느 계층에서도 고객과의 관계가 일어날 수 있기에 임직원 모두는 이 점에 주의를 기울이고 일해야한다. 고객은 자신이 대면하는 접점종업원의 역량과 서비스 행위를 보고 회사를 평가하기 때문에, 고객의 입장에서 접점종업원은 곧 회사이며, 회사를 대표하는 것이다. 따라서 아주 짧은 순간이더라도 서비스 접점(service encounter)에서 '진실의 순간(MOT: moment of truth)'을 관리하는 것은 매우 중요하다.

서비스 제공자가 서비스를 제공하는 매 순간은 고객이 지각하는 서비스 품질과 기업 이미지, 고객 만족도 형성에 큰 영향을 미칠 수 있다는 데 MOT의 중요성이 있다. 즉, 서비스 제공과정에서 고객이 경험하는 긍정적 인상은 서비스의 품질과 고객 만족, 고객 충성도를 강화하는 효과를 낳고, 부정적 인상은 그 반대의 효과를 낳는다. 또한 긍정적 경험과 부정적 경험이 상호작용해 혼재하는 상황이라면 서비스 품질에 대한 불확실성을 높이고 서비스의 일관성과 신뢰도를 떨어뜨려 경쟁력이 취약해진다.

고객이 지각하는 고객 만족은 '곱셈법칙'이 적용된다. 즉 100-1의 값은 99가 아니라 0이라는 것이다. 여러 번의 MOT 중 어느 하나의 MOT를 실패했다 하더라도 고객은 전체를 나쁘게 평가하므로 한순간에 고객을 잃게 된다.[21] 주방에서 짜장면을 아무리 잘 만들어도 손님에게 가져다주는 종업원의 복장이나 위생상태가 불량하다면 손님과의 MOT 순간 고객만족도는 현저히 떨어진다. 이처럼 배달요원이나 창구직원, 전화상담원, 안내원 등 일선 종업원들의 역량과 태도는 회사의 경쟁력을 좌우할 수 있을 만큼 중요하다고 할 수 있다. 1954년에 설립한 맥도날드가 60년 넘게 동종업계에서 1위를 유지한 것은 고객들에게 단순히 햄버거를 파는 것이 아니라(Remember, We are not in hamburger business.), MOT 순간 고객에게 최고의 품질(quality), 빠르고 친절한 서비스(service), 청결(clean)한 매장, 행복과 즐거움의 가치(value)를 전달해 매장에서 고객이 직접 보고 느끼도록(We are in show business. QSC&V.)했기 때문이다.[22]

골프장 운영에서도 가장 중요한 것은 고객이다. 한번 온 고객이 다시 찾도록 하는 것이 중요하다. 승주컨트리클럽 부임 초기에 임직원의 사명을 '한번 오신 고객이 잊지 못해 다시 찾는 명품 컨트리클럽을 만든다.'로 정한 이유도 여기에 있다. 그만큼 충성고객을 많이 확보하는 것이 중요했다. 그러면 골프장에서 가장 중요한 고객의 접점은 어디인가? 진실의 순간에 가장 많은 접점을 두고 있는 곳이 캐디(caddie)라는 생각이 들었다. 골프장에 오시는 고객의 대부분은 가장 많은 시간을 캐디와 함께한다. 한 명의 캐디가 4~5시간 동안 네

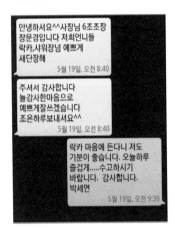

2012년 5월 18일 승주컨트리클럽 캐디 샤워실과 탈의실 리뉴얼 공사 준공 후 받은 메시지이다. 이후에도 다른 많은 캐디들이 숙원사항을 해결해 주어서 고맙다는 인사를 전해왔다.

명의 고객과 동행하게 된다. 고객 접점에서 경기지원을 하는 캐디가 고객의 만족감을 높인다면 승주컨트리클럽에 대해 좋은 기억이 남을 것이고 이를 다른 사람들에게 구전으로 전달할 것이다.

이러한 차원에서 캐디의 사기가 고객에게 영향을 미칠 것이라는 생각에 그들의 사기를 올리기 위한 몇 가지 방안을 추진했다. 먼저 20년 동안 사용해 낙후된 샤워장과 탈의실을 리모델링해서 깨끗한 탈의실에서 옷을 갈아입고 기분 좋게 샤워를 할 수 있도록 했다. 그리고 아침 및 점심식사도 직원식당에서 무료로 제공해주고 현관에서 골프클럽을 내리는 일도 남자 사원과 조를 짜서 같이하도록 해 부담을 줄여 주었다. 캐디의 마음이 진정으로 승주컨트리클럽과 함께한다면 그러한 마음이 고객에게 친절한 행동으로 전달되어 한번 찾은 고객이 다시 찾게 되리라는 나의 믿음 때문이었다.

나의 연봉은 고객으로부터

고객과의 관계에서 또 하나 중요한 것은 고객의 목소리를 경청하는 것이다. 그들이 말하는 모든 것을 다 반영할 수는 없지만, 그들이 있기에 회사가 존재한다는 본질을 한시도 망각해서는 안 된다. 현재 내가 일하는 자리도 고객이 있기에 존재한다. 고객의 목소리를 기존의 습관에 함몰되어 무시하면 더 이상의 발전은 없다. 고객이 존재하는 시장에서 타 기업과의 차별점을 만들기 위해서는 지금까지 쌓여온 낡은 습관을 버려야 한다. 습관이라는 것은 "되풀이

함으로써 저절로 굳어진 행동이 치우쳐서 고치기 어려운 성질"로 정의된다. 습관은 무서운 것으로 비본질적인 것에 매몰된 것이 아닌지 항상 의심해보고 본질로 돌아가는 것, 즉 생산적인 것으로 돌아가려는 생각을 늘 가지고 있어야 한다. 상대적 기교를 부리는 '습관'에서 절대적 본질 추구의 '기본'으로 돌아가야 한다. 기업의 존재 이유는 고객이라는 본질을 잊을 경우에는 기업의 정상적인 존재 이유가 없는 것이다.

프로축구단은 세 가지 유형의 고객이 있어 존재를 한다. 첫째는 관중이다. 경기 티켓을 구매해 축구경기라는 콘텐츠를 현장에서 즐기는 사람들이다. 둘째는 광고스폰서이다. 축구경기라는 콘텐츠를 직접 소비하는 것이 아니라 광고효과를 노리는 것으로 적은 인원수 대비 구단매출에 크게 기여하는 중요한 고객이다. 셋째는 텔레비전이나 인터넷과 같은 대중매체를 통해 경기를 시청하는 시청자들이다. 이들은 향후 직접 경기를 보는 관중으로 전환 가능한 잠재적 고객이다. 연간 매출액이 8천억 원이 넘는 레알 마드리드(Real Madrid)나 맨체스터 유나이티드(Manchester United)와 같은 유럽 명문 구단의 수입은 관중입장료 30%, 광고수입 40%, 방송중계권 30%로 나누어진다.[23]

우리나라의 경우 방송중계권 수익이 거의 없고 관중입장료와 광고수입에 의존하는 편이다. 그래서 관중입장료의 경우 매우 중요한 의미를 지닌다. 만약 1회 입장권이 1만 원인 경우 매 경기에 2천 명의 관중을 유치하는 A 구단과 1만 명을 유치하는 B 구단의 연간 매출액의 차이는 상당히 벌어진다. 1부 리그 팀의 경우 2018년에

팀별 홈경기를 20경기 정도 하므로 A팀의 경우 4억 원, B팀의 경우 20억 원의 매출을 올리게 된다. 이처럼 차이 나는 16억 원은 즉시 주전으로 활용할 수 있는 선수 서너 명을 스카우트할 수 있는 자금이 된다. 이렇듯 관중수를 늘리기 위한 홍보활동을 하다 보면 대부분의 고객들이 다음과 같이 이야기한다.

"홈에서 경기력이 좋으면 관중이 늘 수밖에 없는 것 아닙니까?"

"계속 홈 경기에서 승리를 한다면 관중은 점점 늘어나겠지요."

참으로 좋은 이야기이고 맞는 말이지만 축구공이 둥글어서 홈경기 결과가 항상 예측한 대로 나오는 것이 아니다. 경기에 지려고 출전하는 선수는 한 사람도 없다. 경기결과가 그렇게 나왔을 뿐이다.

다만 나의 생각은 90분 경기를 보기 위해 관중들은 표를 구매해서 입장하는데 중간중간 경기가 중단되어 90분을 채우지 못하는데 문제가 있다는 것이다. 2018년 상반기 K리그 1 평균 실제 경기 시간(APT: actual playing time)은 58분 내외로[24] 고객인 관중들이 만족하기에는 뭔가 부족한 측면이 있어 보인다. 선수들이 반칙을 당할 경우 순간적으로 육체적 고통이 수반될 수 있다. 그러나 스프레이 몇 번 뿌리고 나면 벌떡 일어나서는 남은 경기 시간을 다 소화한다는 것은 관중들로서는 이해가 잘 안 되는 대목이다. 선수 연봉 일부는 홈 관중에게서 나오는 것임을 알고 고객인 관중들을 만족시키기 위해 좀 더 열심히 경기에 임하는 자세가 필요하다.

2015년 10월 14일 FA컵 4강전 전남드래곤즈와 인천유나이티드 경기를 직접
관전하고 있다. 만약 경기를 직접 보지 않는다면 축구단 운영에 관한 논의에서
이해가 가지 않는 부분이 발생한다. 매주 벌어지는 경기는 현물시장과 같은 생
생함이 있다. 현장은 계획이 제대로 실행되는지를 확인하는 장소이고, 세부적
인 것을 배우는 학습의 장소이며, 이해관계자들과 소통하는 장소이기에 경영자
로서는 매우 중요한 곳이다. 왼쪽부터 울리 슈틸리케 국가대표팀 감독, 필자,
정몽규 대한축구협회장, 유정복 인천시장, 정의석 인천유나이티드단장.

9장 현장이 답이다

누가 현장을 지켰나?

2014년 4월 16일 인천에서 제주로 향하던 여객선 세월호가 진도 인근 해상에서 침몰하면서 승객 304명이 사망하는 대형 참사가 발생했다. 세월호 참사는 사건 발생과 사후수습과정에서 너무나 많은 사람들을 안타깝게 한 전대미문의 사고지만, 이러한 과정에서 현장의 중요성에 대해 의미할 만한 다수의 교훈을 남기는 중요한 사례이다. 아무도 답을 해주지 않겠지만, 나는 당시 세월호 사건과 관련해 항상 질문하고 싶은 말이 있다.

"이 사건 발생 전후 관련된 사람들이 각자의 위치나 근무현장에서 자신에게 부여된 소임을 다했는가?"이다.

만약 배의 좌현이 기울기 시작한 때부터 각각의 임무를 현장에서 철저히 수행했으면 희생자 대부분을 살릴 수 있었다는 생각이 든다. 한 국가의 경영자인 대통령은 그 당시 어떠한 통치행위를 했는지에 대해 여전히 논란의 대상이 되고, 각 부처를 경영하는 리더로서, 해양주무부처인 해양수산부장관, 중앙재난대책본부를 운영하는 행전안전부장관, 구조를 지휘하는 해양경찰청장, 이를 통괄하는 국무총리 등 정부의 리더십은 허둥대기만 하고 초동대처에 실패해 비난을 받았다.

또한 사고수역 운행현황을 훤히 꿰뚫고 있어야 할 진도 해상교통 관제센터(VTS)는 세월호의 관할 해역 진입 사실도 파악하지 못할 정도로 형편없는 현장관리를 하는 무능함을 나타냈다. 나는 이들 이 각각의 위치에서 맡은 바 소임을 충실히 수행했는지에 대해 일 일이 확인을 할 수가 없어서 왈가왈부하지 않으려고 한다. 사실 하고 싶은 말은 있지만 민감한 사안이라 정치적으로 편향되게 해석될까 우려되어 여기에서는 피해가기로 한다.

그러나 사법부가 이미 현장에서 각자의 역할을 제대로 수행하지 못해 징역형으로 그 책임을 물은 사람이 몇 명 있다.* 특히 세월호 선장에 대한 공분을 지금까지도 금할 수가 없다. 기업의 최고책임 자가 CEO라면, 배 안에서 최고책임자는 선장이다. 이는 운항관리 규정에 인명구조 등 비상상황이 발생 시 선장은 선내에서 총지휘를 맡아야 한다는 명시적 사항이 없더라도, 한 배의 선장이라는 사람 이 침몰 직전까지 탑승객에게 객실에 그대로 있으라는 안내방송을 하고, 자신들은 배 밖으로 나와 해경 경비정에 의해 제일 먼저 구조됐다는 사실은 천인공노할 행동이다. 기업을 경영하는 경영자는 공장에 불이 났다면 자다가도 공장으로 뛰어가서 인명과 재산을 보전하기 위해 노력을 하는데, 앞서 언급한 모든 계층에서 조직 리 더로서 각자의 할 일을 제대로 하지 않아 수많은 목숨을 구하지

---

* 세월호 참사 당시 승객 300여 명을 내버려 두고 배에서 탈출해 살인 등의 혐의로 기소된 이준석 선장 등 선원 15명은 2014년 5월 재판에 넘겨졌으며 2015년 11월 대법원은 이 선장에게 무기징역, 나머지 선원 14명에게는 징역 1년 6개월~12년을 선고했음.

못한 결과를 초래한 것이다.

이론과 현실은 항상 괴리가 있다. 행정을 담당하는 정부의 각 부처는 각종 법령이나 규정에 근거해서 일하는데 법규는 현실에서 발생하는 문제점을 다음에 반영하기에 항상 뒤늦게 따라온다. 이러한 격차가 작은 경우에는 민원으로 처리되지만, 현장이나 현실감과 격차가 크면 사람들은 광화문에 촛불을 들고 나타난다. 이러한 격차를 줄이는 것이 바로 현장이다. 현장과 밀접하지 못한 행정, 생산 현장을 모르거나 고객의 목소리를 듣는 현장감 있는 경영을 하지 못하면 경쟁에서 뒤처지기 쉽다.

경영의 요체는 현장

경영자는 전략적인 생각으로 조직을 이끌고 장기적이고 미래지향적인 일을 주로 하는 사람으로 막연히 생각들을 하지만, 실은 아주 섬세한 측면도 고려해야 한다. 직원이 없는 경영자나 리더를 생각해보면 상상이 되지 않는다. 결국 경영자는 항시 직원들과 현장에서 동고동락한다는 생각을 하고 있어야 한다. 고 이병철 삼성 창업회장이 "경영이라고 하면 큰 것을 다스리는 것처럼 보이지만 결과는 언제나 작은 정성과 관심이 쏠려서 이룩되는 것이다. 이것이 경영의 요체다."라고 한 말의 의미를 되새겨볼 필요가 있다. 최근에는 대기업의 CEO들도 시간만 나면 현장을 방문한다. 현장을 떠나서는 조직의 수장으로서 존재할 수 없고 긴급한 상황이 발생할 경

2017년 10월 11일 동작동 국립서울현충원에 있는 최규식 경무관의 묘지를 필자가 찾았다. 고 이은상 시인이 쓴 묘비는 다음과 같이 시작된다. "살아서 맡은 바 책임을 다하기 쉽지 않으며 죽어 나라에 유익을 끼치기란 더 어려운데 여기 그 같은 일을 능히 하고 간 이가 계시니 그가 바로 이 무덤의 주인공 최규식 경무관이다."

우 현장감이 떨어지면 상당한 어려움에 직면하게 된다.

세월호 사건과는 상반되게 긴급한 상황에서 현장이 가장 중요하다는 사실을 알게 해주는 사례가 있다. 1968년 1월 21일 오후, 최규식 서울 종로경찰서장은 김신조가 속한 북한의 124군 부대가 청와대를 기습하기 위해 내려왔을 때 현장 출동해 진두지휘했기에 지금도 추앙받는 것이다. 그는 "거동수상자 30여 명이 '방첩부대원'이라며 검문에 응하지 않고 세검정에서 자하문 쪽으로 이동 중"이라는 보고를 받았다. 즉시 기동타격대의 출동을 지시하고 현장으로 달려간 최 서장은 거동수상자 무리를 가로막고 신분확인을 추궁했다. 청와대로부터는 직선거리로 불과 300m인 이 지점은 영화 '실미도'의 소재가 된 북한 124군 부대의 청와대 기습현장이다. 김신조를 비롯한 무장공비들과 총격전 끝에 사망한 그의 업적과 리더십은 현재까지 널리 기억되고 있다. 그날 긴박한 상황에서 그가 직접 현장을 지휘했기에 그의 리더십이 후대에 길이 남아 있는 게 아닌가 생각된다.

많은 선배 경영자들이 '현장에 답이 있다.'고 이야기한다. 그만큼 기업의 경쟁력은 현장에서 시작된다고 보기 때문이다. 현장이 중요

2017년 2월 27일 포스메이트 광양사업소를 방문했다. 중앙 관제실 근무하는 직원들이 필자를 너무 반갑게 맞이해주어서 매우 기뻤던 기억이 난다. 필자가 직원들에게 안전은 모든 일에 우선하는 영순위로 안전의 중요성을 강조하고 있다.

한 이유야 많겠지만 내가 보는 관점은 세 가지다.

첫째, 회사가 추구하고자 하는 모든 경영목표의 실행은 실제 구성원들이 일하는 현장에서 시작되기 때문이다. 무슨 일이든 제대로 실행되도록 하려면 현장을 다니면서 수시로 확인할 필요가 있다. 보고에 의존해 일하다 보면 중간과정에서 보고자가 의도했든 하지 않았든 간에 보고자의 관점과 표현의 차이로 현상이 왜곡되는 경우가 있다.

둘째, 경영자는 현장 확인을 통해 본인의 사업영역에 대해 많은 것을 배우고 경험을 축적하는 기회가 된다. 다시 말하면 현장은 경영자가 세부적인 것을 배울 수 있는 살아있는 교육장소다. 그리고 이를 통해 솔선수범하는 업무 자세를 직원들에게 보여 줄 수 있다.

셋째, 현장방문을 통해 일선에서 일하는 모든 직원에게 수시로 관심을 표현하고 소통하는 것은 조직 전체의 사기진작과도 관계가 있기 때문이다. 아울러 현장은 모든 이해관계자들과 소통의 장소이기에 경영자로서는 매우 중요한 곳이다.

3현주의

일본 혼다자동차의 창업자 혼다 소이치로(本田宗一郎)가 회사의 기본이념으로 채택한 것으로 일본기업에서는 현장(現場), 현물(現物), 현상(現象)의 '3현주의'를 중시한다. 현장은 실제로 문제가 발생한 장소, 현물은 문제를 일으킨 주체, 현상은 문제에서 관찰된 사실로 현장에서 현물을 관찰하고 현상을 인식한 후에 문제해결방안을 찾아야 한다는 경영원칙이다.[25] 경영자는 의사결정 시 제한된 합리성으로 인해 간혹 직관에 의존하기도 하는데 이러한 직관은 다양하고 수많은 현장경험을 통해 축적이 된다.

나는 프로축구단 사장으로서 3일 혹은 일주일 간격의 경기를 현장에서 빠짐없이 직접 관전하고 경기내용을 기록했다. 축구경기는 경기가 열리는 경기장인 현장, 선수들이 시합하는 현물, 경기결과 승·패·무로 나타나는 현상, 즉 3현이 공존하는 곳이다. 만약 사장이 직접경기를 보지 않는다면 축구단 운영에 관한 논의를 할 때면 이해가 가지 않는 부분이 발생할 것이다. 매번 벌어지는 경기에는 새벽 수산시장 경매장에서 느끼는 생생함이 있다. 이러한 생생함이 나중에 직관으로 연결되어 감독이나 스카우트가 제시하는 의견에 대해 선택을 할 수 있다. 나는 경기장뿐만 아니라 연습훈련장, 클럽하우스, 선수단 식당까지 다니면서 현장을 계획이 제대로 실행이 되는지를 확인하는 장소로서, 축구단의 세부적인 사항을 배우고 경험하는 학습의 장소로서, 그리고 조직구성원은 물론 선수 개개인과 소통하는 장소로 활용했다.

아시아 최고의 위생용품 기업 회장인 다카하라 게이치로(高原慶一朗)는 그의 저서 『현장이 답이다』에서 "현장은 '성장과 변화를 위한 모든 힘이 응축되는 곳'이자 '기업을 일순간에 무너트릴 수 있는 위험이 상존하는 곳'이다."라고 말하고 있다. 최근 기업규모 성장과 해외 진출 확대로 인해 현장의 중요성은 본사보다 상대적으로 줄어든 느낌이 든다. 본사에서 지휘하고 의사 결정하는 경우가 크게 늘어나면서 현장의 권한이 축소되고 현장에서 활력이 줄어드는 경우가 발생한다. 그러나 역시 현장이 혁신의 주체가 되어야 한다는 사실에 대해 그 누구도 이의를 제기하지 못할 것이다. 현장에서 기술자들이 재미있고 즐겁게 일하며 그 과정에서 지속적으로 혁신이 일어나는 것이야말로 기업이 경쟁우위를 유지하기 위한 좋은 DNA가 될 것이다.

2018년 1월 2일 시무식은 포스메이트 및 협력사가 참여하는 안전결의대회로 갈음했다. 경영자가 안전에 대해 관심을 많이 가지고 있다는 것을 직원들에게 지속적으로 알려 놓는 것이 중요하다고 생각하기에 신년 초부터 안전을 강조하고자 하는 의도가 내포되어 있었다. 그리고 이러한 안전 관련 행사가 일회성으로 끝나는 것이 아니라 진정으로 전 임직원이 '잘 먹고 잘 살기 위해 안전이 중요하다'는 메시지를 전달하고 싶었다.

10장 안전은 실행에서 영순위

안전에 대한 안타까움

2016년도 산업재해보상보험법 적용사업장 2,457,225개소에 종사하는 근로자 18,431,716명 중에서 4일 이상 요양을 요하는 재해자가 90,656명이 발생해 재해율은 0.49%이었으며, 이 중 사망자는 1,777명으로 하루 4.8명이 일하다가 목숨을 잃었다. 산업재해로 인한 직접손실액(산재보상금 지급액)은 4.2조 원으로 전년 대비 4.93% 증가해, 직·간접손실을 포함한 경제적 손실 추정액은 21.4조 원으로 전년 대비 4.93%가 증가했다.[26] 이는 연봉 3천만 원 근로자를 70만 명 이상 채용할 수 있는 금액으로 청년실업을 해소하고도 남을 금액이다. 이러한 점에서 우리가 OECD에 가입한 선진국인지 생각해 볼 필요가 있다. 심리학자 매슬로우(Maslow)는 인간의 욕구를 5단계로 구분하고 생리적 욕구와 안전의 욕구를 인간의 기본욕구라고 했는데, 아직 이러한 기본적인 욕구가 산업현장에서 충족되지 못한 점이 안타까울 뿐이다.

왜 이러한 현상이 발생하는지에 대해 많은 영향 요인들이 있다고 추측할 수 있다. 6.25전쟁 이후 폐허에서 잘살아보기 위해 단기간 압축 성장을 하는 과정에서 발생한 빨리빨리 문화, 부정부패, 금전

우선주의, 개인주의의 확산 등의 국민의식 수준이 경제성장에 비견해 성숙하지 못했고 정부와 민간의 대응도 제대로 이루어지지 않았다는 판단이 든다.[27] 내가 기억하는 정말 어처구니가 없다는 생각이 드는 대형안전사고로는 1994년 성수대교 붕괴로 32명 사망, 1995년 삼풍백화점 붕괴로 501명 사망, 2003년 대구 지하철 화재로 192명이 사망을 했다. 그때마다 안전과 관련된 종합대책이 나왔지만, 결과적으로 2014년 세월호 참사를 막아내지 못했다.

안전관리의 일상화

큰 사건이 날 때마다 안전의 중요성을 강조하지만, 평소에 안전에 우선을 두고 지속해서 관심을 가지는지에 대한 의문이 든다. 몇 가지 사례를 들면, 첫째, 나는 대학에서 경영학을 박사과정까지 10년 이상 공부해 왔지만 3학점 한 학기 정도는 고사하고 제대로 일정 시간 이상 안전과 관련된 교육을 받은 기억이 나지 않는다. 물론 초등학교에서부터 고등학교까지 포함해도 그렇다. 둘째, 경영자 집무실이나 일반 사무실 서가에 보면 안전 관련 서적이 거의 보이지 않는다. 분야별로 구분해 보면 경영전략, 마케팅 등의 경영총서, 경제, 역사, 인문, 심리, 창의력, 스테디셀러 혹은 베스트셀러 등이 주종을 이룬다. 안전 관련 서적은 안전주관부서에 주로 비치되어 있고 일반적으로 관심도 크게 없다. 산업현장에서 근무하는 경영자 및 근로자는 물론 학생과 일반 국민들이 알아야 할 안전내용이 담긴 교양서적과 같은 책을 찾아보기가 쉽지 않다. 셋째, 회사가 정기적으로 구독하는 경영 관련 잡지 등에 실린 기사 내용을 살펴보면 창의·혁신, 마케팅전략, 인공지능 등 시사적이고 최근 이슈 중심의 기사가 대다수이며 중요하면서도 기본이 되는 안전 관련 내용은 거의 볼 수가 없다.

생산 현장이 있는 모든 비즈니스는 안전이 매우 중요하면서도 평상시에는 생산량, 품질, 원가 등 주력관리에 집중하다 보면 안전 분야를 간과하는 경향이 있다. 그러다가 문제가 생기면 집중조명을 받는 분야가 바로 안전이다. 안전은 대부분 사람과 관련된 것이어서 인명사고가 나면 더욱 주목 대상이 된다. 아주 오래전 내가 인

포스코와 계열사, 협력사는 회의를 시작하기 전에 반드시 전원이 기립해 안전슬로건을 제창한다. 경영자를 비롯한 구성원 모두가 '안전이 인간존중 실현을 위한 최고의 가치'라는 슬로건에 인식을 같이해 안전체질화로 행복을 추구하자는 것이다. 나는 이 슬로건을 제창할 때마다 애국가 이상으로 가슴이 벅차오르는 느낌이 든다.

사관리 실무를 담당할 때의 일이다. 안전관리부서로 인사발령을 내기 위해 면담을 하면 대부분 가기를 싫어했다. 사회적으로 관심 대상 분야도 아니고, 다른 직원들에게 '하라' 혹은 '하지 말라' 하며 간섭을 해야 하고, 안전사고가 나면 직간접적으로 책임을 져야 하는 고달픈 자리이기에 일단 거절하는 분위기였다.

경영을 잘하기 위해서는 현장의 안전을 중요시해야 한다. 안전한 현장은 직원들의 사기를 올려 생산성과 품질향상을 가져온다는 사례를 많이 접할 수 있다. 하지만 일상적인 관리항목의 우선순위에서 밀려나 있다가, 사고가 발생하면 그때야 사후약방문(死後藥方文)*같은 대처를 하는 경우가 아닌가 생각해본다. 불이 나야 소방관의 존재를 귀중하게 생각하듯이 안전과 관련된 이슈가 발생해야 안전의 중요성이 강조되는 꼴이 되어서는 안 된다.

나는 노무 분야에 오래 근무한 경험이 있어서 안전의 중요성을 누구보다도 잘 안다고 생각한다. 상대적으로 안전과 관련된 내용을 접할 기회가 자주 있어서 그럴 것이다. 나는 한 회사를 책임지는 경영자가 된 이후에 직원 개개인에게 지속적으로 다음과 같이 이야기하고 있다.

"우리가 출근해서 열심히 일하고 그 대가로 월급을 받아서 가족과 행복하게 살려고 하는데, 일하는 과정에서 상해가 발생하거나 인명이 손상되는 결과를 초래한다면 열심히 일을 해야 할 아무런 의미가 없습니다. 불안전한 행동으로 사고를 유발하는 것은 본인

---

* 사람이 죽은 뒤에 약을 짓는다는 뜻으로, 일을 그르친 뒤에 아무리 뉘우쳐야 이미 늦었다는 뜻.

뿐만 아니라 가족과 동료직원의 사기 또는 생산성 저하 등 다수에게 이차적, 삼차적 고통을 유발한다는 것을 명심해야 합니다."

특히 제조업이나 건설업과 같이 작업현장이 있는 회사는 직원들이 인간답게 살 수 있는 원천이 되는 현장 안전 활동을 수시로 챙겨야 한다. 책상머리에서는 전혀 예상하지 못했던 많은 문제가 현장에서는 일어나기 때문이다. 그런 문제들은 대개 수면 위로 올라오지 않고 수면 아래 내재되어 있는 상태에서 주변 분위기가 무르익으면 재해로 발생하거나 안전사고를 유발한다. 안전관리를 제대로 하는 회사는 현장에서 벌어지는 문제를 절대 외면하거나 덮지 않는다.

나는 부임하는 회사마다 우선적으로 현장안전점검부터 했다. 승주컨트리클럽의 경우 직원들의 작업환경은 물론 고객동선상의 불안전한 요소들을 확인하고 이를 개선했다. 경사가 급격한 보행도로에는 계단을 설치했고, 오래된 안전표지는 교체하거나 가시성이 좋도록 확대 설치했다. 코스별 미끄럼 방지를 위해 진출입로에 깔판을 설치하고, 화재예방을 위해 코스 내에 있는 재떨이를 완전히 제거한 뒤 전체 코스를 금연구역으로 설정했다. 기존 지하시설물과 전기시설 중 노후화된 것을 교체했으며, 작업자 안전을 위해 안전화 등 안전보호구를 신형으로 교체 지급했다.

안전에 있어 경영자의 역할

경영자가 안전과 관련해 A부터 Z까지 모든 일을 할 수 없다. 그러나 조직구성원 전체가 지속해서 안전관리를 하도록 리더십을 발휘해야 한다. 그래서 그동안 회사를 경영하면서 체득한 몇 가지를 이야기하고자 한다.

첫째, 경영자가 안전관리에 관심이 지대하다는 것을 조직구성원 전체에게 알려놓는 것이다. 안전한 현장을 만들고 직원들의 안전의식을 고취하기 위해서는 경영자의 관심이 우선된다. 경영자는 일선 관리감독자처럼 TBM(tool box meeting)*에 일일이 참가하지 못한다. 그러나 각 사업현장에서 지적확인이 잘 이루어질 수 있도록 간접적인 영향을 미쳐야 한다. 다소 경쟁적일 수는 있어도 무재해시간을 부서별로 공지하거나 산업재해와 관련된 지표를 전체 회의 시간에 알려주거나 수시로 안전과 관련된 이야기를 화두로 삼는 등의 방법이 있다. 나는 평상시 임직원들과 식사를 같이 할 경우에도 불판이 삐뚤게 놓이거나, 뜨거운 국물의 전달, 주량을 초과하는 음주 등에 있어 지적, 확인을 해주면서 안전관리 차원의 중요성을 지속해서 부각하는 편이다.

둘째, 하드웨어가 구조적으로 안전하게 설계되어 있어야 근본적으로 안전을 확보할 수가 있다는 것이다. 어린이 장난감을 유리로

---

* 작업 개시 전에, 직장이나 감독자를 중심으로, 작업현장 근처에서 작업계획 주지 및 위험예지 활동을 하는 미팅.

골프에서 미스 샷이 발생하면 한 번 더 칠 기회를 주는 것을 '멀리건(mulligan)'이라 한다. 안전사고의 경우 한 번 발생하면 이전 상태로 되돌릴 수가 없기에 사고에는 멀리건이 없다는 내용으로 안전 슬로건을 만들어 승주컨트리클럽 모든 카트에 부착했다.

만들면 안전하지 않다는 것을 누구라도 다 안다. 1990년 말에 서울 광장동 사원아파트를 순시하던 포스코 정명식 회장님이 난간 모서리가 직각 구조물로 설치되어 있는 것을 보고 "근본적인 구조가 안전해야 안전사고가 나지 않는다. 어린애들이 많은 공동주택의 난간 설계가 잘못되었다."고 지적하면서 전부 곡선구조물로 교체하라고 현장소장에게 지시했다. 나는 당시 회장님을 수행하면서 이 지시를 들었기에 안전에 관한 주요원칙 하나를 오래도록 기억할 수 있었다.

셋째, 안전관리에 대한 체계적인 '투자'와 규정을 지키는 '교육'이다. 일반적으로 중소기업이 대기업보다 재해 발생률이 높다고 한다. 대기업은 체계적으로 투자하고 안전전문부서가 주로 운영관리를 하므로 산업안전이 괜찮은 편이다. 반면 중소기업은 조직도 미흡하고 관심도 미미해 이런 현상이 일어나는 것 같다. 그래서 경영자가 안전에 대한 투자 마인드를 가져야 한다. 나의 경우 안전과 관련된 투자나 건의사항이 올라오면 중간관리자나 주관부서가 검토한다는 명분으로 내용을 거르지 않도록 조치를 하고 작은 것이라도 함께 논의하도록 했다.

2002년도에 미국 샌프란시스코에서 전략경영과정을 공부하기 위해 한 달간 체류할 기회가 있었다. 내가 숙박하는 숙소 옆 건물에 새로운 가게가 입점하려고 내부 수리 중이었다. 내가 보기에 우리나라 같으면 1주일 정도면 끝낼 공사를 1개월이 지나 내가 귀국하는 날까지도 문을 열지 못했다. 이처럼 공사 기간에 지대한 영향을 준 것은 안전시설물 설치와 작업자의 안전의식으로 판단된다. 보도에 설치된 안전비계를 주간에는 설치하고 야간에는 보행자 안전을 위해 제거하는 것을 한 달간 보았다. 또한 1미터 정도 높이에서 작업하더라도 반드시 안전벨트 고리를 걸고 작업을 했다. 안전에 관한 규정을 만드는 것에 그치지 않고 작업현장에서 그 규정이 지켜지도록 하는 것이 더 중요하다는 것을 느꼈다.

경영자로서 관심을 가져야 할 네 번째 내용은 바로 '하인리히 법칙(Heinrich's Law)'이다. 우리가 일상적으로 이야기하는 '징조'를 조심하라는 것이다. 하인리히 법칙은 대형사고가 발생하기 전에 그와 관련된 수많은 경미한 사고와 징후들이 반드시 존재한다는 것을 밝힌 법칙이다. 산업재해가 발생해 중상자가 1명 나오면 그 전에 같은 원인으로 발생한 경상자가 29명, 같은 원인으로 부상을 당할 뻔한 잠재적 부상자가 300명 있었다는 사실이었다. 그래서 하인리히 법칙을 '1 : 29 : 300 법칙'이라고도 칭하기도 한다.[28] 하인리히는 큰 사고가 일어나기 전 일정 기간 동안 여러 번의 경고성 징후와 전조들이 있다는 사실을 입증했다.

재해는 이같이 사소한 것들을 방치할 때 발생한다. 나는 직원들의 얼굴에 미소가 줄어들고 어두운 표정을 자주 대하면 뭔가 불안한 느낌이 든다. 현장에서 작업하는 직원이 주머니에 손을 넣은 채 활기 없는 모습으로 다니면 불안하다. 일선감독자가 팔짱을 끼고 작업을 지시하면 불안하다. 보고가 느슨해지고 어렵다는 이야기가 자주 나오면 뭔가 불안하다. 이 모든 것이 안전과 관련된 하인리히 법칙의 300개 징조라 생각한다.

2016년 전남 나주시에 본사를 둔 한국농어촌공사로부터 전남드래곤즈 유니폼광고를 수주하기 위해 공사에서 예산을 수립하기 6개월 전부터 MOU를 체결하는 등 사전 광고유치활동에 들어갔다. 공공기관은 예산이 편성되고 나면 이를 조정하기가 어려워 사전에 협의를 마쳐야 한다. 당시 필자(중앙 노란색 넥타이)는 이상무 공사장(붉은색 넥타이)에게 인사말을 다음과 같이 했다. "농어촌공사와 전남드래곤즈는 이미 하늘이 맺어준 인연입니다. 전남드래곤즈 유니폼 하의 검정색은 전남 곡창 지대의 기름진 땅을 의미하고, 상의 노란색은 가을 추수 시기 잘 익은 벼의 황금 물결을 나타내는 것 같습니다. 이는 전남드래곤즈와 농어촌공사가 오래전부터 동일한 DNA를 가지고 있다는 뜻입니다."
필자 오른쪽에 노상래 감독, 앞열 중앙에 최효진, 현영민, 이호승 선수.

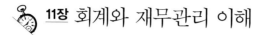

11장 회계와 재무관리 이해

경영자 의사소통수단

2010년 7월 포레카 사장으로 회장님 주재 그룹사 사장단회의에 처음 참석을 했다. 그룹사 사장단회의는 포스코 재무본부에서 포스코와 전체그룹사 경영현황을 일괄 보고한 후 회장님과 질의응답이 이루어진다. 당시 내가 경영하는 포레카는 창업한 지 한 달밖에 되지 않은 계열사여서 특별히 보고할 내용이 없었다. 1시간 30분 동안 이어지는 경영현황보고는 매출액, 원가, 경상이익, 경제적 부가가치, 투자수익률, 현금흐름, 부채비율, 자본비용 등의 개념으로 숫자화되어있다.

보고가 끝난 후, 각 사별 현황에 대한 회장님의 질의내용도 대부분 이러한 개념을 중심으로 진행되었고, 각사 사장들이 이에 대해 답변을 했다. 나는 포스코 재직 시 회계나 재무관리부서는 근무하지 않았지만, 대학에서 경영학을 전공했으며 석사과정에서 회계분야를 추가적으로 공부했음에도 불구하고 긴장된 가운데 아주 스피드하게 진행되는 보고내용을 제대로 숙지하기가 어려웠다. 특히 특정사항에 대해서는 개념 자체를 이해하지 못해 내심 당황스러운 점도 있었다.

이와 같이 일반적으로 경영실적과 관련된 회의에서는 회계나 재무적 수치가 의사소통의 기본적인 도구가 되고 있다. 그러나 회계나 재무업무를 하는 부서에 근무한 적이 없는 대부분의 사람은 갑자기 이를 이해하기가 쉽지는 않다. 어느 한 기업에서 내부적으로 육성된 전문경영인의 경우라도 전 분야를 두루 섭렵한 후 최고경영자가 되는 것은 아니다. 생산 혹은 판매, 생산 혹은 품질, 기술 혹은 품질 등 일반적으로 한두 분야에서 경력을 쌓은 후 경영자가 되는 경우가 많다. 그럴 경우 이해하기 쉽지 않은 분야가 바로 회계와 재무이다.

일반적으로 회사별로 명칭은 다소 상이하지만, 한 달에 한 번 자체 경영현황을 결산하는 회의를 한다. 대부분 회계용어로 관련 정보를 체계적으로 정리해 회의 참석자에게 전달해준다. 이러한 측면에서 회계정보를 이해한다는 것은 기업 내에서 의사소통이 가능한 언어를 이해하는 것과 같다고 하겠다. 사실 경영자로서 회사를 운영하면서 회계 수치가 왜 중요한지에 대해 느낀 점을 몇 가지 이야기하고자 한다.

첫째, 기업의 성과는 이익으로 표시되는데, 경영자는 자신의 의사결정이 기업이익에 미치는 영향을 회계적으로 설명할 수 있어야 주주, 채권자 등 이해관계자를 설득할 수가 있다는 점이다.

둘째, 제품개발, 생산, 판매, 사후서비스 등 모든 단계에서 원가관리가 필요하다. 제품의 원가는 개발단계에서 80% 이상 결정이 된다. 설계단계부터 개발원가와 제품원가를 고려해야 하며 생산단계에서도 공정별 원가를 이해할 수 있어야 한다.

셋째, 경영관리의 기본은 회계이다. 전년 대비 혹은 전분기 대비 등의 추세를 분석하거나 특별히 변동 폭이 큰 지수에 대해서는 경영자가 집중적으로 분석해 관리가 가능하다. 경영관리의 준말이 '경리'이다. 중국에서는 경영자를 '총경리'라 부르는 것도 같은 맥락으로 보인다.

회계정보의 활용

일반적으로 회계장부는 투자자나 채권자, 정부와 같은 기업 외부 이해집단에 기업의 경영성과와 재무 상태에 관한 정보를 제공할 목적으로 작성된다. 그래서 외부이해관계자 모두가 이해할 수 있도록 표준적인 방법을 선택한다. 다시 말해 일반적으로 인정된 회계원칙(GAAP: generally accepted accounting principles)인 회계기준에 의거, 작성된다. 회계정보에 대한 지식은 이렇듯 표준적인 것이 대부분이기에 경영자는 여기에 대한 지식을 갖춰야 한다. 피터 드러커(Peter Drucker)가 "측정되지 않는 것은 관리되지 않는다."라고 한 말은 추측이나 감이 아니라 객관적인 수치를 이용해 경영해야 한다는 의미로, 경영도 회계적인 수치로 나타내지 못한다면 주먹구구식이 될 수 있다는 것이다. 외부이해관계자 중 특히 은행들은 회계정보에 민감하다.

포레카 창업 초창기엔 운영자금이 부족해 은행에 대출을 받기 위해 노력했으나 은행으로부터 회계자료나 담보가 없다는 이유로 거절당했다. 당시 나는 내가 가진 것이 없을 때 금융권에서 대출받기가 정말 어렵다는 것을 뼈저리게 느꼈다. 반면, 승주컨트리클럽이나 포스메이트 대표이사로 있을 때는 은행지점장들로부터 필요한 자금을 대출해 가라는 선심성 이야기를 많이 들었다. 외부공시자료에서 경영실적이 좋고 유동성이 좋다는 회계정보를 이미 그들이 입수했기 때문일 것이다.

외부이해관계자뿐만 아니라 회계에서 얻은 정보로 내부이해자인 종업원들과 기업운영현황에 대해 진솔한 의사소통을 하게 되면 종업원들의 자발적 협력을 도모할 수 있다. 포레카, 승주컨트리클럽, 전남드래곤즈, 포스메이트를 경영하면서 이러한 회계와 재무정보를 매달 열리는 경영회의에서 전 직원에게 알려주고 실적이 나빠진 데 대한 반성과 해결방안을 함께 논의하고, 성과에 대한 격려와 지속성장 가능성에 대한 토의를 병행했다. 경우에 따라서는 직원들에게 회계 관점에서 생각하는 능력을 향상하는 교육도 시행했다.

골프장에서는 고정자산회전율을, 식당주방에서는 제조원가 개념을, 수주 측면에서 예상수주액을 추산하는 방법을 논의하기도 했다. 회계정보를 활용한 경영실적을 직원들과 공유하는 목적은 주인의식을 갖게 하기 위해서이다. 회사사정을 직원들이 제대로 알아야 전 직원을 한 방향으로 정렬시키기가 용이하다. 회사의 여건이 좋고 나쁠 때를 떠나서 항상 직원들과 함께하겠다는 의지의 표현이기에 경우에 따라서는 원가절감 등 직원들의 자발적인 협력을 얻어 낼 수 있다.

회계 관점 착안사항

회계장부를 정확히 정리하는 회계실무자의 입장이 아니라 경영자로서 기업 활동과 관련해 회계 관점에서 고려해야 할 사항 세 가지를 이야기하고자 한다.

첫째, 예산에 관한 것이다. 예산은 다음 회계기간의 계획과 목표를 회계적인 숫자로 표시한 것을 말한다. 혹자는 '숫자화된 계획'이 예산이라고 말하기도 한다. 회사 내 모든 조직의 사업계획과 목표 달성에 필요한 예산은 향후 성과평가의 기준이 되고, 이를 달성하기 위한 조직 전체의 동기부여 지표로도 활용된다. 우리는 이러한 기본적인 논리를 잘 알고 있으면서 매번 시행착오를 하는 게 있다. 구체적인 계획이나 목표를 설정한 뒤 예산을 편성하지 않고, 예산을 편성하는 시점에 사업계획을 같이 수립한다는 것이다. 혹자는 그리 큰 차이가 없는 내용을 강조한다고 생각할 수도 있으나 사소한 차이가 엄청난 결과를 가져온다는 것을 감히 이야기하고자 한다. 기업의 부가가치를 창출할 수 있는 사업을 구상한 후 이를 예산에 반영하는지 아니면 전년도 수준의 사업을 진행하는지에 대해서는 예산을 심의하는 과정에서 면밀히 살펴보아야 한다.

특히 광고를 수주하는 수주산업의 경우 매년 7월 이전에 내년도 예산을 수립해 필요한 매출을 유치하는 영업활동을 해야 한다. 포레카의 경우 매년 상반기에 다음해 매출액을 확정하고 매출액 확보를 위해 수주활동을 8월에서 9월 사이에 한다. 그래야 상대방 회사의 예산수립에 우리의 매출액이 반영된다는 것이다. 전남드래곤즈가 전남도 혹은 광양시 등 인근 지방자치단체에서 광고후원을 얻기 위해서는 9월에 지자체 담당자의 엑셀 시트에 전남드래곤즈 이름을 입력시켜야 10월에 의회심의를 거쳐 유니폼 광고를 출연받을 수 있다. 이렇게 서두르지 않으면 우리의 고객은 기다려 주지 않는다. 시기를 지나서 추경에 반영하겠다는 생각은 유니폼광고 예산을 포기한다는 것과 같은 이치이다.

예산은 계획과 통제를 위한 하나의 도구이기에 이를 편성하기 위한 적절한 시기와 제대로 된 절차를 거쳐야 집행 이후 실효성을 거둘 수 있다. 그러나 실무에서는 내년도 예산수립이라는 숫자적 의미에 급급해 실질적인 사업계획이 제대로 검토되지 않고 제목만 정해 예산을 편성하는 사례가 많이 발생한다. 그래서 경영자는 예산수립 이전에 사업계획이 선행적으로 검토되도록 부문별 워크숍을 실시하도록 하는 등의 과정을 거치도록 해야 한다.

둘째, 고정비 관리의 중요성을 강조하고자 한다. 앞서 원가절감이 본원적 생존전략이라고 언급한 적이 있지만, 고정비는 한번 설정이 되면 회사가 문을 닫지 않는 한 지속해서 발생하는 경직된 비용이기 때문에 고정비가 늘어나는 항목에 대해서는 철저히 확인을 해야 한다. 고정비 측면에서 중요한 항목 중 하나가 노무비다. 우리나라는 입직과 이직이 자유롭지 못하다. 노동시장의 경직성으로 한 번 입사한 직원의 인건비는 줄일 수도 없고, 경우에 따라서는 연공에 따른 승급급여가 반영되어 해마다 일정액이 올라가는 경향이 있다. 그래서 경영자는 새로운 인력을 충원할 경우 신중하게 결정해야 한다.

일반적으로 현업을 하는 각 부문에서는 종업원의 인건비가 해당 부문의 원가에 포함되지 않는 경우로 착각해 필요한 인력보다 더 많은 사람을 요구한다. 특히 공정별 원가 배분이 어려운 생산 체제하에서는 이러한 경향이 더 많다. 나는 직원이 퇴사하면, 그가 하던 일을 하지 않는다면 회사에 어떤 일이 일어나는지를 반드시 고민을 해보라고 권한다. 일 자체를 없앨 수 없다면 다른 사람에게 업무 배분을 하거나, 그래도 안 되면 필요한 사람을 충원하도록 했다.

고정비와 관련해 다른 한 가지 사례로 복리후생비용의 고정비화다. 그룹 계열사의 경우 모기업이 시행하고 있는 제도를 직원들이 모방해 동일하게 요청하는 경우가 있다. 또한 다른 회사에서 운영 중인 특정제도를 도입배경을 도외시하고 외형적으로 좋은 것만 벤치마킹한 후 요구하는 경우도 종종 있다. 복리후생제도는 회사의 여건에 맞게 각사가 정하는 것임에도 이러한 요청이 끊이지 않는다. 그중 하나가 '복지카드' 제도를 도입하자는 의견이 많았다. 나는 이 제도에 대해서는 향후 몇십 년이 지나면 몰라도 지금까지는 동의하지 못하는 부분이 많다. 우리나라의 경우 경제권이 대부분 아내에게 있어 복지카드를 만들어 주면 아내 손에 카드가 전달된다. 회사가 카드를 지급하고 나면 직원 본인에게 돌아오는 것은 아무것도 없어 직원들은 일주일 정도 지나면 뭔가 허전함을 느끼게 마련이다. 또한 1년이 지나면 복지카드 사용 한도를 물가인상률에 연동시켜 늘여달라고 한다. 이는 직원들에게 동기부여 요인으로 작용하기보다 고정비화가 되어 매년 거론이 되는 취약한 제도이다. 오히러 실제 직원들이 본인이 직접 사용해 혜택을 받을 수 있는 다른 제도로 검토를 해보는 것이 훨씬 나을 듯하다.

셋째, 좋은 이익과 나쁜 이익을 구별해야 한다. 회사의 원천적인 경쟁력과는 상관이 없이 이익이 나는 경우는 나쁜 이익이다. 회계적으로 이야기하면 영업이익이 좋아야 시장에서 실질적인 경쟁력이 유지되는 것인데 영업이익은 과거 대비 낮아지지만 순이익이 증가한다고 좋아하면 안 된다. 이러한 이익이 나쁜 이익에 해당한다. 환율상승과 원자재가격의 변동, 혹은 시장가격의 급격한 변동, 투자자산의 가치상승 등으로 인해 실현되는 이익에는 경영을 오판하게 하는 함정이 있다. 현재 발생하는 나쁜 이익에 안주를 하면 변화에 둔감해지면서 몇 년 후에 큰 위기를 맞게 될 수도 있다. 분식회계는 아니지만 나쁜 이익은 간혹 이해관계자집단에게 기대감을 주어 배당을 높이자거나 과도한 임금인상을 요구하는 등의 부작용을 발생시킬 수 있다. 경영자 역시 나쁜 이익에 심취되지 말고 이러한 이익은 임기 중 행운으로 생각하고 좋은 이익을 내기 위해 노력을 기울여야 한다.

재무관리에 대한 이해

재무관리는 기업에 필요한 자금을 조달하고 어떻게 쓰는가에 대한 관리활동이다. 쉬운 말로 하면 돈을 빌리고 이 돈을 투자해 장사를 해 남은 이익을 배분하거나 재투자하는 일련의 활동이다. 재무관리는 그 자체가 생산성을 내는 것이 아니라 생산·판매 등 여러 다른 경영활동을 지원하는 수단적 활동이다. 그러나 재무활동 없이는 어느 경영활동도 제대로 추진되기 어렵다.

기업의 경영활동은 종국적으로 기업의 가치를 증대시키는 방향으로 이루어져야 하지만, 항상 가치가 증대되는 것만 아니고 가치의 감소를 동반하는 상충적인 측면이 있다. 원가절감이나 품질개선을 위해 현장에서는 설비도입을 이야기하지만, 이 투자가 자금압박을 가져와 영업위험을 높일 수도 있다. 판매증진을 위해 가격을 낮추거나 광고비 등 과다한 판매관리비를 집행하면 운전자본의 감소로 재무위험을 초래할 수도 있다. 재무관리는 기업에서 소요되는 자금의 조달 및 그 운용에 관련되는 활동 즉, 돈의 흐름을 관리

선수들의 잦은 발목부상을 막기 위해 2016년 시즌 종료 후 11월에 전남드래곤즈 홈구장인 광양축구전용구장 잔디를 20년 만에 완전히 새로 깔았다. 이 시설은 포스코 자산이어서 필자의 투자의견이 참고사항이지 결정사항은 아니었다. 하지만 1년 동안 밀고 당기는 협의를 거쳐 결국 투자를 성사시켰다. 일은 결국 하고자 하는 의지가 있는 사람이 한다는 말이 맞는 모양이다.

하는 것으로 경영자의 입장에서는 상당히 중요한 기능이다. 경영자 입장에서 중요한 재무의사결정은 두 가지이다.

첫째, 투자(investment) 결정이다. 기업경영과 관련해 어떤 사업에 얼마만큼의 자금을 투자할 것인가에 대한 결정이다. 예를 들면 신사업투자, 신제품개발, 공장 확장, 설비투자, 인수합병 등에 대한 의사결정이다. 투자결정에 있어서 투자자금 회수에 대한 예측을 하는 것이 중요한데, 처음 이러한 의사결정을 하는 경우에는 가급적 보수적으로 할 것을 권하고 싶다. 전철노선이나 공항건설 등 공공사업분야에서 교통수요를 너무 과대하게 적용해 준공 후 투자자금이 회수되지 않는다는 뉴스를 간혹 보았을 것이다. 2013년 승주컨트리클럽 골프텔 건립사업 투자타당성 검토 시 준공 후 5년 동안 숙박시설 가동률을 2013년 45%, 2014년 50%, 2015년 55%, 2016년 60%로 아주 보수적으로 책정했다. 이후 5년 동안 당초 예상한 수치대로 가동이 되어 투자자금 회수가 정상적으로 이루어졌다.

둘째, 자본조달(financing)결정이다. 기업이 투자하려면 돈을 구해야 한다. 자본조달이라는 것은 투자에 필요한 자금을 구하는 것을 전문적 용어로 나타낸 것이다. 투자자금은 먼저 내부적으로 기존에 투자한 곳에서 나온 이익을 재투자 자금으로 충당하기도 하고, 주식이나 채권을 발행하거나 은행에서 차입하는 등 외부에서 조달한다. 타인자본에 의한 자금조달은 이익을 확대할 수도 있지만, 파산 가능성도 높아 재무 유동성을 위축시킬 수도 있으므로 이들 요소를 충분히 고려해 자금을 조달해야 한다. 그러나 회사를 직접 경영하는 경영자로서 외부에서 자금을 조달한다는 일이 그렇게 쉬운 일은 절대 아니다. 계열사 사장의 관점에서 대주주는 모사인데 특별한 경우가 아니면 모사가 증자를 잘 해주려고 하지 않는다. 채권을 발행하기 위해서는 이자율 결정과 이해관계자 설득이 쉽지 않다. 은행 등 금융권에서의 차입은 회사의 채무이행 안정성 등을 평가해 판단하기에 만만하지가 않다. 이러한 점에서 자금 조달에 대한 압박이 있으면 경영자는 여러 날 잠을 설치는 경우가 많아진다.

재무의사결정과 관련해 한 가지 추가로 이야기하면, 현금흐름 관리를 잘하라는 말을 전하고 싶다. 경영자는 매일 아니면 매주 단위 현금흐름을 반드시 체크해야 한다. 대부분 흑자도산이라는 말을 들어보았을 것이다. 일반적으로 한 기업이 자산보다 부채가 더 많은 상태에 이르러 도산한 기업을 부도기업이라 한다. 그런데 이익이 발생하더라도 매출채권이 제대로 회수되지 않거나 현금이 부족해 만기에 이른 부채를 상환하지 못해 부도에 이르는 경우가 있다. 이를 흑자도산이라고 한다. 기업이 부채보다 자산이 많더라도 당장 지불할 현금이 부족해 부도가 발생한 경우를 말한다. 나는 내가 경영하는 회사에서 현금 시재를 매일 보고받을 수 있도록 프로세스화하여 일일 지출되고 남은 현금잔액을 리얼타임으로 관리하는 체계를 운영했다.

성공한 스타트업의 공통점

- 사물을 보는 **남다른 문제인식**에서 출발.

- 많은 경우 **자기 자신이 느낀 불편함**에서 출발.

- 창업자의 치열한 **열정, 분석력, 실행력.**

- 바퀴벌레 같은 **생존력.**

- 규제의 틀이라는 **박스 속에 갇히지 않은 상상력.**

- 담대한 아이디어에 믿고 투자해준 **초기 투자자의 존재.**

인재개발을 위한 교육은 비용이 아니고 투자이다. 포스코는 매달 셋째 주 토요일에 그룹 임원 및 조직 리더 전체를 대상으로 토요학습을 하고 있다. 2017년 6월 24일 토요학습에서 스타트업얼라이언스 임정욱 센터장이 강의한 슬라이드 한 장을 캡처했다. 여섯 가지의 내용은 스타트업에만 국한되는 것이 아니라 일상에서도 경영자나 조직리더가 통찰해야 할 내용이었다. 2005년부터 십 년 넘게 지속되어온 토요학습을 통해 필자는 최신 경영트렌드에 쉽게 접근했고, 리더십 향상 등에서 많은 성찰의 시간을 가졌다.

12장 모든 실행은 사람이 한다

트렌드에 부합한 인적자원관리

　대기업 신입사원 공채로 입사해 그룹 계열사 경영자를 그만둘 때까지 35년 동안 인적자원관리 분야의 중요한 변화가 대략 10년 주기로 발생하는 것을 지켜보았다. 물론 그중 일부는 인적자원관리뿐만 아니라 사회 전반의 구조나 분위기를 바꾸는 데 지대한 영향을 미친 이슈이기도 하지만, 결국 사람들이 개별 혹은 집단적으로 영향을 받는 내용이어서 이를 먼저 살펴보고자 한다.

　1987년 6.29선언에 따른 근로자의 욕구분출로 노동조합 파업과 급격한 임금인상 등의 혼란과 어려움을 경험했다. 그로 인해 1990년대 초반에 기업들도 신인사제도라는 명분하에 연공에서 탈피해 성과에 기반을 둔 급여와 복리후생을 강화하는 임금제도를 도입하기 시작했다. 이후 10년이 지난 1997년 IMF 경제위기를 경험하면서 상시 구조조정과 성과주의가 심화되었고, 노동시장의 유연화와 함께 평생직장 개념이 무너지는 계기가 되어 고용안정에 중점을 두는 인사제도가 관심을 끌었다. 그러나 10년 후인 2007년에 서브프라임 모기지(sub_prime mortgage) 사태로 금융위기를 한 차례 더 겪으면서 기업은 변화와 혁신의 강도를 높이고 글로벌화된 시장에서 경쟁을 강화하게 되었다. 우수한 경영성과 창출을 위한 경영혁신 방법으로 리스트럭처링(restructuring), 리엔지니어링(reengineering), 벤치마킹, 지식경영, 식스시그마 등이 도입되었고 기업의 인재전략도 혁신적이고 창의적인 인재에 초점이 맞추어졌다.

혁신과 글로벌화 이후 10년이 지난 2017년부터 스마트화가 전 세계적으로 급진적으로 진행되기 시작했다. 사물인터넷, 클라우드, 인공지능, 로봇기술 등의 분야에서 날마다 새로운 기술이 출현하는 급속하고 불확실한 환경변화는 인적자원관리에도 직간접적으로 영향을 미치게 되고, 기업은 여기에 필요한 역량 있는 인적자원을 어떻게 확보(buying) 혹은 육성(making)할 것인가에 초점을 맞출 수밖에 없다. 잘 수립된 전략이나 잘 선택된 사업도 중요하지만 이를 수행할 역량 있는 사람을 중용하는 인사(人事), 즉 '사람의 일'이 더 중요한 시대를 맞이한 것이다. 참고로 '2017년 세계 속의 대한민국' 통계집에 따르면 한국의 고급두뇌 유출지수(0~10, 낮을수록 유출이 많음)는 3.57(세계 54위)로 1위인 노르웨이 8.36, 2위인 스위스 7.61 대비 기업에서 필요한 고급인력의 해외유출이 심화되어 미래지향적이지 못하다는 부정적인 트렌드를 보여주고 있다. 전문가들은 인력 해외 유출원인으로 선진국 대비 처우와 업무강도, 수직적인 조직문화를 들고 있다.[29]

인사가 만사

경영자나 조직을 이끄는 리더의 역할은 조직구성원들로 하여금 일을 하도록 해 조직의 목표를 달성하는 것이다. 조직을 구성하는 여러 가지 요소 중 일을 완성시키는 것은 결국 사람이기에 경영자나 조직리더는 사람관리에 관심을 많이 기울여야 한다. 회사라는 조직 내에서는 사람만이 주체적인 행위자이다. 컴퓨터나 자동화 장비 등의 기계가 일을 쉽게 할 수 있도록 도와주어 사람을 줄일 수는 있어도 대체하기는 불가능하다.

나는 여러 회사의 경영자를 거치면서 재무, 판매, 자재, 생산, 물류 등 여러 분야의 업무가 있지만, 이 모든 분야에서 실행하고 성과를 내는 것은 결국 사람이기에 '인사가 만사'라는 말의 뜻에 적극적으로 동의하는 편이다. 나뿐만 아니라 각 조직의 임원 혹은 리더들도 조직을 신설하거나 신규 사업을 추진할 경우 '누구와 함께 이일을 할 것인가?'를 우선적으로 고민한 적이 많을 것이다.

중국 서한 왕조의 황제로 즉위한 유방은 낙양 남궁에서 공신들을 위한 주연을 베풀었다. 이 자리에서 유방은 장량, 소하, 한신이라는 걸출한 세 인재, 이른바 서한 삼걸을 얻었기에 천하를 차지할 수 있다는 통찰을 내놓았고, 이 통찰은 2천 년 동안 인구에 회자되는 유방의 인재론이 되었다. 유방은 "나는 장량처럼 신묘한 계책을 알지 못한다. 소하처럼 행정을 잘 살필 줄도 모른다. 전쟁에서 이기는 일에는 한신을 따르지 못한다. 그러나 나는 이 세 사람을 제대로 쓸 줄 알았다."[30]라고 하면서 통치의 제1덕목으로 인사의 공정성과 적합성을 이야기했다. 일은 종국적으로 사람이 하는 것이기에 농업시대와 산업혁명시대를 지나 현대의 4차 산업혁명에 이르기까지 사람이 아니고서 이루어진 일은 없었다는 것이다. 기업이 필요한 인재를 확보해 이를 제대로 육성·활용하는 일, 즉 사람을 관리하는 일이 아주 중요하다는 것을 강조하고 싶어 널리 알려진 유방의 인재론을 다시 한 번 언급했다.

한 회사의 경영자가 되면 쓸 만한 사람이 참으로 귀하다는 것을 자주 느낀다. 그만큼 쓸 만한 인재를 발굴해 내기가 어렵다는 것이다. 필요한 부분에 우수한 신입사원을 채용하는 것도 쉬운 일은 아니지만, 포레카와 같은 신설 광고회사에 필요한 경험인력을 충원하는 것은 더 어렵다. 그래서 인적자원관리의 주요 고민 과제 중 하나가 필요한 인재를 채용하고, 이들을 조직에 잘 적응시켜서 성과를 내는 것이다. 옳고 그른 사람을 구분하는 것도 쉽지 않고, 채용된 사람들이 능력을 최대한 발휘하도록 하는 것도 결코 쉬운 일이 아니다.

입안의 혀처럼 있는 듯 없는 듯 조직 내에서 본연의 소임을 다하는 사람과 같이 일한다는 것은 정말 행운이다. 좋은 임직원을 만나

최지성 "李부회장 아닌 내가 의사결정 다했다"

(前 이쿼진화 실장·부회장)

"회장직 승계 수차례 권유
李부회장이 고사했다"

내용보다 제목이 의미하는 바가 크다. 경영자로서 이러한 사람을 만나는 것은 아주 큰 행운이다. 일반적으로 공적은 부하에게 과실은 본인이 책임을 지라고 말하기는 쉽다. 그러나 실제 상황이 발생하면 이와는 반대의 입장을 취하는 사람들이 있다. 특히 과실에 대한 부분을 책임지지 않으려고 한다.(매일경제, 2017.8.3)

는 것은 경영자의 복이고, 좋은 경영자를 만나는 것은 임직원들의 복인 것이다. 경영하면서 나는 한신과 같은 기술전문가, 소하와 같은 내부 살림꾼, 장량과 같은 외부전략가처럼 세 분야에서 핵심적인 역할을 하는 키 퍼슨(key person)을 항상 갈구했다. 그러나 내가 사람에 대한 욕심이 많아서인지 항상 다 채울 수 없었다는 아쉬움을 지금도 간직하고 있다.

라이트 피플로 구성

인적자원관리를 기능적인 측면에서 보면 채용, 승진, 교육훈련, 상벌, 임금 등 여러 분야로 세분화할 수 있지만, 업종이 다른 여러 회사의 경영자를 역임한 나로서는 채용분야가 인적자원관리 프로세스 중에서 가장 중요한 부분이라는 것을 강조하고 싶다. 특히 우리나라처럼 노동법상 해고의 유연성이 적은 상황에서는 한 번 채용한 사람을 회사가 마음대로 정리하지 못한다는 어려움이 있다. 채용전형과정에서 한번 잘못된 판단을 해 채용된 인력은 퇴직 시까지 수십 년간 회사나 동료들에게 부담을 주고 일하는 분위기를 망치는 경우가 많기 때문이다.

신설광고회사 포레카를 설립해 1년이라는 단기간에 70명이 근무하는 회사로 만드는 과정에서 가장 중점을 둔 것이 채용이었다. 신설회사이다 보니 부서장들이나 임원들이 같이 일해야 할 사람 구하기 급한 마음에 채용전형 결과 다소 자격이 미흡한 대상자를 채용하겠다는 의견이 올라오면, 나는 이번 채용 의사결정으로 나중에 반드시 후회할 것이라고 그들을 설득했다. 즉, 적합한 인력이 아니면 일손이 부족하더라도 뽑지 않았다.

그렇다고 내가 베스트 피플(best people)을 항상 원하는 것은 아니었다. 베스트 피플을 확보하는 것은 소수의 우수한 인재가 조직을 선도해 나갈 수도 있다는 장점이 있지만, 보통 다수의 인력이 묵묵히 일을 해나가는 것도 조직 전체의 입장에서는 매우 중요하다. 똑똑한 사람들이 독선적이고 주변 사람들과 협업하지 않을 경우 성과를 올리지 못하는 경우를 많이 보아왔다. 나는 항상 회사조직과 기업문화에 적합한 라이트 피플(right people)에 해당되는 사람을 선택하는 방법이 좋다는 이야기를 자주 하는 편이다. 요즘과 같은 구인난의 시기에 '롱테일 법칙(The Long Tail)'*처럼 2인자들이 다수 모여 시너지를 발휘해 1인자 이상의 성과를 내도록 하는 것도 인적자원관리의 또 다른 전략이라고 할 수 있다.

인적자원관리의 목표가 무엇인가라는 질문에 '보통사람으로 하여금 비범한 결과를 도출하게 하는 것'이라고 답하는 분들의 의견에 나도 동감을 한다. 역량 있는 괜찮은 사람을 채용하면 연봉이 높아 기존직원과의 연봉 대비 시 균형이 무너지고, 기존직원들이 저항감을 가지기 쉽고 사기도 저하된다. 그래서 일정수준 이상의 자력을 보유한 사람들을 많이 뽑아서 체계적인 인적자원관리를 통해 성과를 내

---

* 80%의 '사소한 다수'가 20%의 '핵심 소수'보다 뛰어난 가치를 창출한다는 이론으로서, '역(逆)파레토법칙'이라고도 함.

도록 하는 것이 내가 말하는 인사관리에 있어 롱테일 법칙이다.

조직충성도 강화

나는 인적자원관리에 있어 중요한 목표 중 하나는 조직에 대한 구성원들의 충성도를 높이는 데 있다고 생각한다. 조직에 대한 충성도를 높인다는 것은 다른 말로 조직구성원 개개인이 주인의식 (ownership)이 있는 사람, 즉 모두가 경영자와 같은 생각을 하는 사람으로 구성되면 좋겠다는 의미이다. 원래 1인 기업일 경우에는 모든 일을 주인인 경영자가 혼자 한다. 그러다가 매출이 늘어나면 조직도 커지고 인원이 증가되면서 경영자는 혼자 하던 일을 임직원들에게 위임해주고 그들이 경영자처럼 일해주기를 기대한다. 인적자원관리의 역할은 승진이나 평가, 급여체계 등과 같은 제도적 측면의 일차적 기능이 있으나, 어느 정도 조직규모가 커지면 이러한 제도적 측면에서 진일보해 조직구성원들이 조직에 몰입해 주인처럼 생각하고 일하는 심리적 주인의식(psychological ownership)을 가지도록 하는 이차적 역할을 해야 한다.

종업원지주제도 등과 같이 조직구성원들이 심리적 주인의식을 가지도록 하는 다수의 방안이 이론적으로 연구되고 실무에서 적용되어 왔지만, 사실 경영현장에서 내가 느낀 가장 중요한 것은 구성원들의 장점을 살리는 인적자원관리가 중요하다는 것이다. 『논어』, 「옹야」 편에 "아는 자는 좋아하는 자만 못하고, 좋아하는 자는 즐기는 자만 못하다(知之者 不如好之者, 好之者 不如樂之者)."라는 말이 있다. 조직구성원들이 주인의식을 가지기 위해서는 각자의 일을 즐 겁게 수행할 수 있어야 한다. 이를 위해서는 각자의 장점이 발휘되 는 일을 하도록 하는 것이 좋다. 개인이 잘하는 일을 하면 일 자체 가 즐거워 성과가 올라갈 것이다.

　채용과정에서 신중에 신중을 기해 인력충원을 하지만 개인의 성 격이나 적성 등 여러 가지 이유로 조직 내에서 구성원들의 성과는 차이가 난다. 그렇다고 성과가 낮은 인력을 해고할 수 있는 형편도 아니다. 그래서 그나마 필요한 곳에 활용될 수 있도록 사람의 장점 을 잘 활용하는 방향으로 관리해야 한다.

　일반적으로 사람들은 가까운 친구의 단점을 다른 사람보다 더 잘 알고 있다. 인사결정권자와 가까운 거리에 있는 사람일수록 단 점이 많이 기억될 수가 있다. 단점이 장점을 덮어 장점이 잘 생각나 지 않게 되는 현상이 발생한다. 기획력이 부족한 사람은 실행부서 에 배치해 활동성이나 반복성이 있는 업무를 시켜보는 것이 좋다. 반대로 창의성이 있는 사람을 단순 반복 업무를 하는 실행부서에 배치하면 동기부여가 되지 않는다. 기획역량이나 전략적인 생각이 부족한 사람에게는 기간을 몇 번 연장해 주어도 제대로 된 보고 자료가 나오지 않는 것을 나 역시 셀 수 없을 만큼 많이 보아왔다.

　조직 내 구성원의 장점을 제대로 보지 않고 인적자원을 활용하 다 보면, 전체 조직이 하향 평준화되어 생산성은 하락하게 마련이 다. 장점을 보는 인적자원관리가 조직충성도를 높이고 주인의식을 향상시켜줄 수 있을 것이다. 미국의 아브라함 링컨(Abraham Lincoln) 대통령은 약점이 없는 사람보다는 전투에서 승리할 수 있는 능력을 보고 장군을 선택했다고 한다.

교육훈련은 비용이 아닌 투자

교육훈련은 종업원의 능력을 향상시켜, 경영전략을 실천할 수 있고 기업목적에 공헌할 수 있는 내부인재를 육성하는 과정이다. 즉, 변화하는 기업환경 속에서 기업의 목적달성에 기여할 수 있도록 기존의 가치관이나 행동양식 및 관습을 새로운 패러다임에 적응할 수 있는 역량을 갖추는 학습과정이다. 따라서 교육훈련의 궁극적 목적은 인재의 양성을 통한 조직 유효성의 향상이라고 할 수 있다.[31]

교육훈련에 대한 집중투자는 직원들의 전문능력을 향상하는 것은 물론, 동종업계 내에서 회사가 직원들의 교육에 관심을 가지고 있다는 좋은 평판을 얻어 경력사원채용에 도움이 되는 일석이조의 효과를 볼 수 있다. 포레카의 경우 신설광고회사이기에 다양한 아이디어를 얻기 위해 해외광고 관련 교육에 전 직원들이 다녀올 수 있는 기회를 주었다. 또한 국내에서 광고 관련 교육과정이 신설되면 가급적 많은 인원이 참석해 지식과 경험은 물론 경쟁사 직원들과 교분을 쌓도록 했다. 그 결과 회사가 직원 교육훈련에 많은 관심을 가진다는 입소문이 나서 유능한 외부 경험인력을 확보하는 데 상당한 도움이 되었다.

혹자는 많은 비용을 들여 인력을 육성했는데 다른 회사로 전직

하면 손해라는 생각에 교육훈련에 너무 적극적일 필요는 없다고 생각할 수도 있다. 그러나 독립운동이나 6.25전쟁 등에 참여해야만 애국자가 되는 것은 아니다. 국가 백년대계의 동량이 될 인재를 육성하는 데 일조를 한다는 셈 치고 교육훈련을 시켜놓으면, 비록 전직을 한다 해도 그곳에서 교육의 효과가 나타나서 궁극적으로는 국가발전에 도움이 될 것이다. 다시 말하자면 기업교육은 각각의 회사에서 전체 노동시장의 파이를 키울 수 있다는 거시적인 차원에서 접근할 필요가 있다.

교육훈련 등과 같은 인재개발이 반드시 현업에서 인력을 빼내어 오프잡(off job)형태로 이루어질 필요는 없다. 맥킨지(McKinsey) 컨설팅이 『21세기 인재전쟁(The War for Talent)』에서 언급한 인재개발의 가장 중요한 방법은 바로 '직무부여'를 통해 직접 일을 시키는 것이라 한다. 가상적인 교육훈련, 멘토링, 코칭의 방법보다도 인력을 개발시키는 가장 적극적인 방법은 실제 근로자들이 수행하는 일을 통해 배우는 것이다.[32] 한 예로 전남드래곤즈 선수들 중 일부가 국가대표팀에 몇 번 차출되어 경기를 뛰다 보면 경기력이 신장되는 경우가 많다. 국가대표팀 간의 경기에서 수준 높은 외국 선수와 경쟁하는 가운데 상호학습을 하고 개인기술이나 조직전술을 향상시켜 국가대표팀에서 전남드래곤즈로 복귀 후 팀 경기력이 향상되는 경우를 자주 보아왔다.

인재개발 분야는 생산과 판매 혹은 기술개발 등 회사의 주력분야가 아니다 보니 경영자의 관심이 없으면 성공하기가 어렵다. 경영자가 기업교육에 왜 관심을 가져야 하는지에 대해 생각해보아야 할 몇 가지 관점을 이야기하고자 한다.

첫째, 교육을 투자로 보지 않고 비용으로 생각하고 있다면 지금부터라도 이러한 생각을 바꾸어야 한다. 병아리를 키워서 닭이 되어야 쓸모가 있고, 송아지도 키워서 소가 되어야 값을 제대로 받을 수 있다. 사람에 대한 교육훈련도 미래를 위한 투자로 보아야 한다.

둘째, 콩나물에 주기적으로 적당한 양의 물을 주어야 콩나물이 잘 자라듯이 기업교육의 효과는 현업에서 접목되어 즉시 나타나지 않기 때문에 지속적이고 반복적으로 추진하는 지속성이 중요하다.

셋째, 비전과 전략의 변화, 정보화와 디지털화에 적응, 글로벌화에 대응 등 패러다임 변화에 적응할 수 있도록 시기적으로 적시성 있는 교육훈련을 선행적으로 추진해야 성과를 낼 수 있다.

신상필벌의 명확성

대부분의 회사에서는 조직운영에 있어 구성원 동기부여 방법으로 포상과 징계제도를 운영하고 있다. 조직운영의 효과를 도모하기 위해 당근과 채찍이 필요하다는 것은 익히 알고 있다. 그러나 실상 더 중요한 것은 당근을 주는 타이밍과 당근의 양, 채찍질의 아픈 정도이다.

먼저 당근 격인 포상은 줄 시기를 놓치면 안 된다. 성과가 있어서 포상을 할 경우 성과가 난 시점에 즉시 해야 한다. 그 시기를 놓치면 감동도 없고 의례적인 것으로 생각되어 의미를 퇴색시켜 동기부여가 되지 않을 가능성이 높다. 또한 상을 받는 사람의 경우 누가 보아도 적정한 공적이 있어야 대외적으로 타당성을 인정받고 포상을 주는 사람의 권위도 선다.

아울러 포상에 따른 부상도 가급적 공적에 상응하는 정도의 부상을 책정하는 것이 좋다. 이는 포상이 수상 당사자는 물론 조직 내 다른 구성원 전체에 동기부여를 촉진할 수 있기 때문이다. 포레카의 경우 광고시장 내에서 수주경쟁이 치열했으므로 외부에서 수주했을 경우 수주액의 몇 퍼센트에서 시작해 일정액을 상한으로 정한 포상금을 지급해 단기간에 매출을 많이 증가시킨 바가 있다. 또한 전남드래곤즈에서는 2연승, 3연승 시 연승에 따른 누적승리수당을 선수들에게 추가로 지급해 팀 사기 진작과 축구단 성적향상에 기여한 바가 있었다.

회사 운영에 있어서 채용과 포상 두 가지 권한은 경영자가 누구의 간섭도 받지 않고 행사하는 절대적인 권한이기에 이를 잘 활용하면 조직 관리에 많은 도움이 된다. 채용하지 않거나 포상을 주지 않는다고 문제 삼을 사람은 조직 내외부에 아무도 없다. 이와는 달리 징계는 매우 엄하게 시행해야 한다. 한번 잘못된 일을 유야무야 하면 반드시 잘못된 일이 재발한다. 승주컨트리클럽에 부임한 지 얼마 되지 않아 그린잔디를 깎던 중에 커터기 엔진에서 기름 누출 사고가 일어나서 오염된 잔디일부를 보식하는 작업이 발생했다. 사고보고를 받는 과정에서 기름 누출이 간혹 발생한다는 이야기를 들었다. 나는 간혹 일어나는 일이 일어나지 않도록 하는 것이 우리 직원들의 책무인데 별일 아닌 듯 이야기하는 것이 이해가 되지 않았다. 이제까지 동일 반복적으로 발생한 잘못된 일을 소홀히 처리해 직원들에게 확실한 경각심을 심어주지 않아서 이런 일이 재발한다는 생각이 들어 관련 책임자들을 사규에 따라 문책을 했다. 내가 알기로는 이 징계처분 이후 직원들 스스로 잔디와 관련된 모든 장비에 대한 누유 여부를 재점검하고 작업 전 점검프로세스를 체계화했다는 보고를 받았다.

　포상과 징계는 이해당사자의 문제가 아니라 제3자에게 주는 영향이 크므로 제도의 명확한 운영이 중요하다. 경영자는 신상필벌이 명확해야 조직 내에서 다른 불만들이 나오지 않는다. 다수의 사람들은 내가 잘되고 못 되는 것이 중요한 것보다 공정성을 더 중요시하는 경우가 많다. 흔히들 하는 말로 배고픈 것은 참아도 배 아픈 것은 참지 못한다고 한다. 근자에 특정 재벌 총수나 정치인의 재판결과에 대해 많은 국민들이 불합리하다는 의견을 제시하는 것은 사실관계가 잘못 적용되어서라기보다는 재판 결과의 공정성에 의문을 가지기 때문이다.

　인적자원관리와 관련해 개성상인들이 한 말이 있다. "장사는 이문을 남기는 것이 아니라 사람을 남기는 것."이라는 말이다. 고 삼성 이병철 회장도 "사업이란 사람을 얻는 일이다."라는 생각으로 일찍부터 인재 제일의 정책을 추구했다.[33] 하루, 일주일, 한 달, 일 년이라는 기간 중에 가장 오랜 시간을 함께하는 사람은 가족도 아니고 바로 한 직장에 같이 근무하는 사람이다. 이러한 사람들을 회사 내에 남기기 위해 인적자원개발에 투자를 아끼지 않아야 한다는 의견을 제시한다.

2009년 9월 2일 신임 과·공장장 양성교육과정에 노사관계교육을 필자가 하고 있다. 강의 제목을 '이젠 남의 일이 아니다'라고 붙인 이유는 노사관계관리는 회사 차원이나 노무 스태프에서 해주는 것이 아니라, 일선 관리감독자가 현장에서 근로자를 지휘·감독하는 과정 중에 발생하는 일로서, 본인들이 현장에서 근로자 의견을 수렴하고 적절한 조처를 해나가야 한다는 사실을 알려주기 위함이었다. 근로자의 입장에서 '상사=회사'를 의미한다.

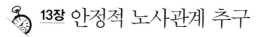

13장 안정적 노사관계 추구

노사안정 없이 승리란 없다

포스메이트 사장 부임 하루 전인 2017년 2월 5일 오후에 다음날 취임식 등 주요 일정이 담당임원으로부터 연결되었다. 10시에 취임식, 임원 및 이사회 오찬, 14시 주요인사 방문 등의 일정이었다. 한참을 고민한 후 10시 국립서울현충원 박태준 포스코 전 회장님 묘소참배, 14시 본사 취임식, 17시 노사협의회 근로자대표 상견례 및 만찬으로 일정을 조정토록 했다. 그리고 근로자 대표들이 상견례와 만찬에 참석하는 데 불편함이 없도록 현업에서 교통편의 등을 연결하도록 했다. 새로운 경영자는 취임 후 가급적 이른 기간 안에 노동조합 혹은 근로자대표들을 만나서 그들이 경영자를 신뢰할 수 있다는 분위기를 조성하고 경영자 역시 근로자들을 존중한다는 입장을 보일 필요가 있다. 아주 사소한 일 같지만 이러한 행동이 넛지 효과(nudge effect)*를 가져와 향후 노사관계안정화에 기초가 될 수가 있다.

---

* 넛지(nudge)는 '옆구리를 슬쩍 찌른다.'는 뜻으로 강압하지 않고 부드러운 개입으로 사람들이 더 좋은 선택을 할 수 있도록 유도하는 방법.

노사관계가 매우 중요하다는 것을 항상 강조하는 것은 나의 직장생활과도 무관하지 않다. 포스코에 25년 정도 근무하면서 조직 인사 분야에서 가장 긴 15년을, 노사관계 분야에서 10년 동안 일한 경험이 있다. 포스코 근무 기간 동안 사장님을 모시고 임금협상과 노사협약에 8차례 정도 참여했으니 적지 않은 기간을 노사관계 분야에서 일했다고 할 수 있겠다. 특히 1987년 6·29선언 이후 1990년도 초반까지 근로자들의 욕구가 급격히 분출되면서 국내 여러 지역과 기업에서 동시다발적으로 발생했던 노사분규를 현장에서 직접 경험하면서 노사갈등으로 인한 생산성 하락, 품질 불량, 매출 감소 등 노사관계의 중요성을 더욱더 실감하게 되었다.

　오래전 이야기이지만 글로벌 컨설팅업체 액센추어(Accenture)는 전 세계 6천 개 기업 가운데 지속적으로 경쟁기업보다 높은 성과를 나타낸 고성과 기업 500곳을 분석한 후, 이들 기업 가운데 50년 이상의 역사를 지닌 초우량 장수기업을 별도로 분석해 이들이 지닌 '성공 DNA'를 추출한 결과 '① 레드오션이라면 주력도 포기 ② 새 시장 창출로 고객 선점 ③ 노사안정 없이 승리란 없다 ④ 인재투자엔 돈을 아끼지 않는다.' 이 네 가지를 비결로 제시했다.[34] '노사안정 없이 승리란 없다.'라는 말은 지속가능한 기업으로 살아남기 위해서는 노사관계가 중요함을 강조하는 바가 큰 대목이다. 급변하는 경영환경에 대응해 외부와의 끊임없는 경쟁에서 승리해야 하는데, 내부에서 자중지란이 일어난다면 승리하기도 쉽지 않을 뿐 아니라 내부적으로도 성장 동인이 되는 체력이 떨어져 장기적으로 불리한 경쟁을 해야 할 수도 있다.

조직인사 분야는 실무진이 어느 정도 주도적으로 일하면서 회사 전체의 전략적인 측면을 고려할 수 있는 영역이지만, 노사관계분야는 대부분 근로자와 개별 혹은 집단적인 상호관계를 전제로 발생하는 일이어서 회사 입장만으로 일할 수가 없고 항상 상대를 고려해야 한다. 나는 노사관계업무를 담당하는 동안 안정적인 노사관계 유지를 위해 시시각각 변화하는 노사관계환경에 적극적으로 대응하고, 근로자 측 의견을 듣기 위해 시간과 장소를 가리지 않았으며, 임금협상을 위해 수많은 밤을 회사에서 지낸 기억이 있다. 그동안 무슨 고생을 하고 어떤 노력이 기울였던 간에 내가 노사관계 업무를 하는 기간에 한 건의 분규도 없이 생산 현장에서 조업이 진행된 점을 고려해 보면 나는 행운아라는 생각이 든다. 이제 시대적 여건도 바뀌었고 근로자들의 생각이나 일하는 방식도 많은 변화가 있어 왔다. 그러나 아무리 변화가 이루어져도 개별기업에 있어서 노사관계는 근본적으로 중요한 일이라고 말하고 싶다.

일선 관리감독자의 역할 중요

노사관계 당사자는 누구이며, 누가 노사관계에 대한 노력을 기울여야 노사안정화를 추구할 수 있느냐의 문제이다. 노사관계에 대한 일반적인 해석은 '근로자와 사용자의 개별 또는 집단관계 및 정부 등 사회와의 총체적 관계(일명 노사정 관계)'로 보고 있다. 이러한 관계는 이해 당사자 간에 입장 차이가 발생하므로 노사안정화를 위해서는 노사정 세 파트에서 각자 노력을 기울여야 한다. 여기에서 근로자와 정부를 제외하고 다른 한 축을 담당하는 사용자 측은 누구인가 하는 것이다.

일반적으로 대부분의 회사는 임금협상이나 단체협약과 같은 집단적 노사관계에 중점을 두어 사장 혹은 대표이사를 포함한 노무 담당 임원 등을 노사관계의 당사자로 오해하는 경향이 있다. 노사관계를 이러한 집단적 노사관계 관점으로 계속 대응을 하면 생산적 노사관계를 만들 수가 없다. 노사관계에서 중요한 부분은 근로자 개개인과 관련된 개별 노사관계의 중요성이다.

개별 노사관계에서 사용자는 바로 일선 관리감독자이다. 근로시간, 휴가, 안전보건, 기능습득 등과 근로자 개인과 관련된 사항에 대해서 현장 일선에서 제대로 된 커뮤니케이션을 해야 한다는 것이다. 노사관계 차원에서는 특정사안에 대한 '설득이 아니라 납득이 필요'하다. 노무 혹은 노사관계 스태프는 이에 필요한 자료를 제공하고 일선 관리감독자들이 현장 직원들과 소통이 잘되도록 지원역할을 하는 것이다. 노사관계가 잘되지 않는 회사에서는 일선 관리감독자가 항시 스태프 부서를 찾아와서 문제만 제기하고 직원들을 이해시키는 활동을 하지 않는다. 일선 관리감독자에게는 취업규칙이 정한 근로시간 중에 노무관리, 즉 근로지휘권이 있기에 이를 토대로 정상적인 근로가 이루어지는 범위 내에서 소속직원들과 소통을 잘해야 한다는 것이다. 이것이 회사 전체 노사관계에 있어 저변 안정화를 꾀하는 근본이 된다.

노사문제가 없는 회사는 사장이 보너스를 많이 주어 그런 것이 아니라 일선 관리감독자들이 현장에서 단위조직을 잘 관리하기 때문이다. 그래서 일선 관리감독자의 역량이 중요하므로 수시로 교육을 하고 관련 정보를 공유해야 한다. 사람은 아는 것이 없으면 말하기가 어렵다. 일반인에게 교량설계 방법을 이야기하게 시키거나 어린아이에게 국제정세를 설명해보아야 의미가 없으며 오페라에 대한 기본지식 없이 오페라를 감상하기에는 많은 인내가 요구된다. 일선 관리감독자도 스태프에 버금가는 노무관리 지식이 있도록 만들어서 현장에서 발생하는 개별 근로관계에서 근로자의 고충을 실시간으로 해결할 수 있도록 해야 한다.

아울러 일선관리감독자는 현장에서 발생하는 유언비어에 잘 대처해야 한다. 근거 없는 소문은 작업 현장 주위를 산만하게 만드는 주된 원인이 될 수 있다. 예를 들어, 인사철에는 자기에게 유리한 상사가 승진하기를 바라는 유형의 소문을 내는 사람이 있다. 현장의 리더는 이러한 유언비어를 모니터링할 필요가 있고, 유언비어의 근원이 되는 이슈들에 대응해야 한다. 현장에서 발생하는 유언비어는 집단 내에서 단결의 수단으로 작용한다. 소문을 공유함으로써 동류의식을 느낀다는 것이다.

유언비어 발생 상황은 ▲우리 모두에게 중요하고 ▲불확실하며 ▲근심을 유발하는 상태에 있을 때이다. 조직 내에서 소문이 빈번하게 발생하는 이유로서는 근로조건에 이러한 세 가지 요소가 대부분 내재해 있기 때문이다. 유언비어라는 것은 쉽게 사라지지 않으며 어떤 집단이나 조직의 의사소통에서 중요한 일부분이 될 수 있다. 경영자는 유언비어를 통해 종업원들이 중요하게 생각하고 있거나 근심을 유발할 것 같은 이슈들을 구체화해 관리하는 것이 노사관계에서 매우 중요하다. 나는 현장의 소문 중 한 사람이 동일 유형을 백 번 이야기하는 것은 개인 고충으로 면담을 통해 처리를 하고, 백 사람이 한 가지 사실에 대해 지속해서 이야기하면 노사 관련 사항으로 보고 즉시 내부적으로 논의를 거쳐 이를 조기에 해결하기 위한 노력을 기울였다.

노동의 인간화 도모

자본주의 경제하에서 생산수단의 소유와 노동이 분리되어 근로자는 기계에 예속되어 단순한 작업만을 반복하게 되어 무력감이나 좌절감을 일으키게 된다. 또한 대규모 경영조직하에서 근로자 각자는 주체적이기보다는 피동적인 존재가 된다. 이와 같이 노동에서 인간소외로 잃어버린 노동자의 인간적 가치를 회복하게 하는 것을 '노동의 인간화(humanization of labor)'라 한다. 노사관계 안정을 추구하기 위해서는 노동의 인간화 측면을 항시 고려해야 한다.

노동의 인간화는 보고서에나 쓰이는 화려한 글귀가 아니라 노동이라는 인간의 행위를 구체적으로 어떻게 조직하고 설계하면 인간으로 하여금 노동하는 즐거움을 맛보게 할 수 있을까 하는 데 관심을 둔다. 근로자가 자기가 다니는 직장에서 일하는 것이 즐겁다면 정말 아무 문제도 일으키지 않을 것이며 궁극적으로는 노사 안정화를 도모할 수 있다. 한 예로 본인이 돈을 내고 다니는 요리강

좌 등 취미활동을 하는 학원에서는 아무도 물의를 일으키지 않는다. 그저 하는 일이 즐겁고 시간 가는 줄을 모른다. 회사 내에서의 동호인 활동도 마찬가지이다. 아무도 강요하지 않지만, 자발적으로 나와서 진행자의 말이나 관련 기준을 준수하려고 스스로 노력한다.

노동의 인간화 도모는 직장을 이러한 분위기로 만들어 가자는 것이라 할 수 있다. 이러한 생각을 가지면 모두 사용자이지 근로자는 없는 직장이 된다. 발명가 토머스 에디슨(Thomas Edison)이 "나는 평생 단 하루도 일하지 않았다. 재미있게 놀았다."라고 말했듯이 직장을 일을 했다는 생각보다는 즐거웠다는 생각이 드는 장소로 바꾼다면 이곳보다 더 좋은 곳은 없을 듯하다. 사실 조직이 작은

2007년 3월 8일 서울 명동 은행회관에서 열린 노사상생한마당 행사에서 포스코 근로자대표가 노사협력 우수사례를 발표하고 있다. "회사가 있어야 직원이 있다."는 제목으로 노동의 인간화도모에 노사가 협력한 사례내용을 이야기하여 많은 호응을 받았다.

경우에는 이렇게 만드는 것도 쉽겠지만, 조직이 크면 실행에 누수가 생겨 당초 노동의 인간화 도모를 위해 조직하거나 설계한 대로 운영되지 않기에 관심을 가지고 실행 여부를 확인해야 한다.

노동의 인간화 도모를 위해서는 주인의식을 가지고 자기의 일에 대해 즐거워해야 한다. 보통의 경우 주인의식을 갖는다는 것은 쉽지 않지만, 만약 모든 근로자들이 주인의식을 가지고 있다면 노사문제는 완전히 해결되고 생산성 증대, 원가절감 등 경영실적도 자동으로 좋아질 것이다. 일반적으로 조직구성원들은 문제 제기를 많이 한다. 이것은 이래서 안 되고 저것은 저래서 안 된다고 이유를 들면서 문제를 제기하는 경우가 흔하다. 1994년 10월에 서울 한강에서 성수대교가 무너지는 사고가 나자 수많은 언론사 기자들이 "내 이럴 줄 알았어."라고 하면서 안전진단 미흡 등 성수대교가 무너질 것을 모두 예견한 듯이 기사를 썼다. 어떤 사건이 발생한 이후에 이렇게 하는 말을 심리학적으로 사후 통찰(hinder sight)이라고 하는데, 조직 내에서 이러한 문제 제기와 사후 통찰만 하는 사람들이 많을수록 그 조직구성원들의 주인의식은 희박하다고 보아야 한다.

조직에서 주인의식을 가진 사람은 항상 답을 찾으려고 노력하고, 주인의식이 희박한 사람은 항시 문제 제기만 하거나 전체적인 관점보다는 한 가지 잘못된 이벤트에 대해서 논평을 하는 경우가 많다. 다시 말해 문제를 해결하기보다는 의견만 많고 실행하는 경우가 거의 없기에 성과도 나지 않고, 사소한 일도 집단적인 불만으로 확대된다. 주인의식은 곧잘 렌터카에 비유된다. 렌터카를 빌려서 세차를 하는 사람은 거의 없다. 렌터카는 자기 소유의 자동차가 아니기 때문이다. 그래서 렌터카는 처음은 깨끗하나 반납할 때쯤이면 더러워진다.

전향적 근로조건 개선

1987년 6·29선언 이전까지 우리나라에서 형성되어온 노사관계는 온정적 노사관계에 의존했다. 온정적 노사관계는 사용자가 시혜적으로 근로자에게 복지·후생·의료 등에 대해서 베푸는 것으로 근로자들은 이에 대해 만족하는 형태로 노사관계가 순조롭게 유지되는 것이다. 지금 내가 이야기하고자 하는 회사 주도적 근로조건 개선은 이와 같은 온정주의적 노사관계와는 다소 차원이 다른 이야기이다.

2018년 2월 28일 주당 법정 근로시간을 현행 68시간에서 52시간(법정 근로 40시간+연장근로 12시간)으로 단축하는 내용의 '근로기준법 개정안'이 국회를 통과했다. 이에 따른 경과조치로 종업원 300인 이상의 사업장과 공공기관은 2018년 7월 1일부터 '주당 근로시간 52시간'을 지켜야 했다. 나는 사실 2017년 년 말부터 포스메이트 직원들이 주당 52시간 근로시간 적용과 관련해 어떤 영향을 받을 것인지를 대비해왔다. 그래서 근무시간과 관련해 각종 제도에 대한 개선안을 마련해 근로자 대표들과 심도 있는 논의를 했다. 혹자는 닥치지도 않는 일을 너무 일찍 걱정한다고 이야기했다.

그러나 나의 생각은 달랐다. 근로조건이나 복리후생과 관련된 사항에 대해서는 회사가 주도적으로 모든 것을 아우르듯이 직원들보다 먼저 고민하고 새롭게 제도를 개선해나가야 한다. 시간이 경과하면 어느 회사든 적용해야 할 것들을 미루다 보면 졸속으로 제도가 만들어져 혼선이 발생해 노사관계를 안정시킬 수 없다. 또한 중요한 이슈를 회사가 먼저 거론하지 않고 근로자 대표들이 문제를 제기하면, 협의하더라도 근로자 대표들에게 주도권을 내주고 만다. 또한 근로조건과 관련한 오해사항에 대해서는 회사가 주도적으로 교육자료를 만들어 주고 오해를 불식시키는 설명과정이 필요하다. 이러한 과정에는 책임 있는 관리자나 권한이 있는 임원들이 직접 참여함으로써 근로자에게 신뢰를 심어줄 필요가 있다.

다른 한편으로 회사가 주도적으로 근로조건과 복리 후생제도를 개선하더라도 복잡하지 않고 공정하게 제도가 운영되도록 합리적인 기준을 마련해야 한다. 예를 들어 교통비를 직급별로 차이를 두면 객관성이 없다. 전철이나 버스 등 대중교통 요금의 경우 사원은 적게 내고 부장은 많이 내는 것이 아니기 때문이다. 그래서 교통비는 차등을 두면 아주 말이 많아진다. 회사의 입장에서는 얼마를 주는가도 중요하지만, 기준이 합리적인가를 잘 생각해야 한다. 또한 고정비가 증가하는 항목에 대해서는 일회성 제도로 운영을 하거나 기한을 지정해 운영해 본 후 결론을 내어야 한다. 새로운 제도입안 시에 간과하기 쉬운 것이 시작은 있으나 끝을 정하지 않아서 몇 년이 지나면 이러한 제도를 폐기해야 하면 또 다른 근로조건을 만들어야 하는 난처한 상황이 도래하기 때문이다.

근로조건 개선은 대부분 집단적 노사관계 측면이 많다. 집단적 노사관계를 다루다 보면 노사관계 이슈를 처리함에 주의해야 할 점이 있다. 한 예로 2016년 전남드래곤즈가 리그 5위의 성적을 거두어서 선수단과 스탭들에 대한 특별격려금 지급 여부를 내부적으로 은밀히 논의했으나 얼마 되지 않아 구단 모든 사람들에게 이러한 논의 사실이 퍼져나가서 특별격려금 지급은 당연하고 액수가 얼마인지가 관건이 된 적이 있다. 만약 사장인 내가 최종 의사결정 과정에서 지급을 유보하면 의당 받아야 할 특별격려금을 받지 못하는 것처럼 상당한 실망감을 느껴 구성원 전체의 사기가 저하될 수도 있고, 설사 추후 특별격려금을 지급한다 해도 당초 내가 가진 선의적인 의도에 대한 효과가 반감되어버리는 경우가 있다. 노사관계 이해 당사자 중 사용자 측 내부에서 논의된 고급 정보를 일부 임직원이 조직 내에서 개인의 영향력 행사 차원에서 "내가 이번 격려금지급에 기여한 바가 크다."고 생색을 내는 바람에 실제 사장이 의도 했던 좋은 뜻과는 달리 다른 방향에서 문제가 발생하는 경우를 경험해 보고 이야기하는 것이다.

위기는 조직의 약한 부분에서 시작

근로자와 사용자는 생산에 있어서 같이 협력하는 처지이다. 양질의 재화를 많이 생산해 부가가치를 높인다는 공동의 목적이 있다. 먹을 수 있는 빵을 크게 키우자는 입장에서는 이해관계를 같이 한다. 그러나 생산에서 얻은 부가가치를 근로자는 임금 등의 형태로 분배에 참여하게 된다. 근로자와 사용자는 분배에 있어서는 대립적인 관계이다. 회사 입장에서는 근로자의 임금은 비용에 관한 문제이나 근로자의 입장에서는 생계의 원천이 되는 중요한 문제로 갈등을 내포할 수 있다. 노사갈등에서 생존과 안전에 관련된 욕구는 인간의 원초적 욕구로 이와 관련된 갈등은 해결하기가 어렵기에 이를 잘 처리해야 한다. 이와 관련해 노사문제에 얽힌 이야기를 하라면 책 한 권을 써도 충분할 만한 일화가 많으나, 너무 상세하게 이야기하다 보면 오해를 살 여지가 있어 생략한다.

나는 기업 내부 노사관계 안정화를 물 위에 떠 있는 오리에 비유해 자주 이야기한다. 호수 위에 떠 있는 오리는 아주 평온하게 보이지만, 물에 빠지지 않기 위해 끊임없이 다리를 저어야 한다. 노사관계가 안정된 기업도 마찬가지다. 겉으로는 평온해 보이지만, 노사 관련 이해관계자들이 노사안정화를 위해 밤낮으로 노력을 기울이기에 가능한 것이다. 노사안정은 그만한 노력의 대가이지 우연한 결과는 아니라 본다.

독일 화학자 유스투스 폰 리비히(Justus von Liebig)는 식물의 성장 과정을 연구하던 중 '최소량의 법칙(law of the minimum)'이라는 흥미로운 현상을 발견했다. 식물성장을 좌우하는 것은 필수 영양소의 합이 아니라 가장 부족한 영양소에 맞춰 성장을 결정짓는 사실이다. 가령 식물이 정상적으로 자라는 데 필요한 양분 중 어느 하나가 부족하면 다른 것이 아무리 많이 들어 있어도 식물은 제대로 자랄 수가 없다. 조직 관리에서도 이 이론은 적용된다. 조직 전체의 위기는 조직 내 가장 약한 고리에서 발생한다는 것이다.**35** 아무리 튼튼한 사슬도 가장 약한 연결고리에 의해 강도가 결정되듯이 조직의 어느 한 부분이 약하면 거기에 의해 전체 조직이 무너질 수가 있다. 나는 조직 내부가 무너지는 원인은 노사관계, 특히 일선 관리 감독자의 노사관계 대응능력이 떨어지면 위기의 시작이라는 생각이 든다. 근로자의 입장에서 '상사는 바로 회사'를 의미한다.

기업 성장·발전 가로막는 10적

1적	강성 노조	13.2%
2적	과도한 기업 규제	12.5%
3적	'무소불위' 기업 오너	11.0%
4적	반시장법 양산하는 국회	9.5%
5적	반기업 정서	8.7%
6적	정치금융	7.7%
7적	저출산	7.1%
8적	'뒷다리 잡는' 시민단체	5.1%
9적	'아니면 말고' 미디어	4.9%
10적	좀비기업	3.7%

매일경제는 LG경제연구원·한국리서치와 공동으로 '기업 성장과 발전을 가로막는 10적' 설문조사를 실시했다. 대기업과 중견·중소기업 등 기업체 임원 110명, 대학교수 105명, 국책연구원과 기업 산하 민간 경제연구소 전문가 21명 등 총 236명이 설문에 참여했다.
설문 결과 강성노조가 13.2% 응답률을 기록해 '기업 1적'이 됐다. 주요 국가와 비교해 낮은 생산성에도 불구하고 기득권 챙기기에 급급한 정규직 노조의 이기주의와 '불법 파업' 관행이 기업들에 엄청난 부담을 안겨 주고 있다는 분석이다.(매일경제, 2015. 1. 8)

사장님과 함께한 석식간담회···

직원과의 소통의 장을 마련하여 주시고, 간담회를 통해 좋은 덕담 감사 드리며, "야생화"를 통해 지속 가능한 백년기업을
위하여 더욱 발전되는 광양사업소가 되겠습니다.
사장님의 얼굴은 우리의 얼굴이며, 우리의 얼굴은 곧 사장님의 얼굴임을 인식하여 고객만족을 최우선으로 생각하고 건강한 조직
문화로 삶의 질을 향상하겠습니다. "우리가 잘돼야 회사가 잘된다" 포스메이트 파이팅~!!!

12년 동안 처음 갖게된 사장님과의
석식간담회··· 무한 감사 드립니다.

2017년 7월 7일 포스메이트 광양사업소 직원들과 만찬 간담회를 했
다. 다음날 사내게시판에 위의 글이 올라와서 필자가 아래와 같이 답
글을 달았다.

"금요일 저녁 간담회는 직원들이 좋아하지 않는다는 이야기가 많아서
모임에 대해 약간의 망설임이 있었습니다. 그런데도 간담회에 나와 준
광양사업소 직원 여러분에게 감사드리고, 포스메이트 백 년 기업을 위
해 서로 노력을 해나가야 하겠습니다. 1인 기업이라면 현장에서 서비
스를 제공하는 일은 사장이자 직원인 제가 일일이 해야 하는 일인데,
회사규모가 점점 커져서 직원을 채용해 저를 대신해서 일하므로 고객
의 입장에서는 사장이 일하듯이 서비스를 받기 원할 것입니다. 그런 의
미에서 여러분과 저는 동등한 역할을 해야 합니다. 최고의 서비스로 고
객가치를 창출해 주시기를 희망합니다. 즐거운 시간 환대해 주어서 감
사합니다."

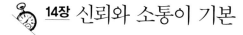

14장 신뢰와 소통이 기본

조직 내 신뢰확보

'저 친구는 팥으로 메주를 쑨대도 믿을 수 있다.'는 생각이 드는 사람이 있다. 이는 내가 믿고 일을 맡길 수 있다는 의미다. 즉, 신뢰한다는 뜻이다. 이러한 신뢰는 그동안 관찰해온 행동의 일관성과 지속성에 대한 나의 평가결과이다. 근자에는 학문적으로도 신뢰를 조직의 지속적인 성장과 발전을 위해 중요한 요인으로 평가하고 있다. 구체적으로 "조직 내 신뢰는 조직구성원들의 협력행동에 긍정적인 영향을 미치며, 갈등과 거래비용을 줄여 조직 내 효율성을 증진시키고, 구성원들 사이에서 교환관계의 질에 긍정적 영향을 미치는 등 다양한 성과변수에 긍정적인 영향을 미친다."[41]라는 연구결과들이 다수 있다.

신뢰의 사전적 의미는 '서로 굳게 믿고 의지함'이다. 이것을 기업 관점에서 재해석하면 '조직구성원들이 상호 공유하고 있는 기대수준대로 잘해낼 것이라는 믿고 의지하는 것'이라고 부연할 수 있다. 경영자는 '우리 구성원들이 항상 최고의 성과를 창출하기 위해 자신이 갖고 있는 모든 역량을 발휘하고 성실하게 근무할 것'이라고 생각하며 일을 맡기고, 직원들은 '경영자가 확실한 비전을 갖고 공정하게 회사를 경영하고 회사와 구성원 모두를 위해 가장 좋은 선택을 할 것이라고 생각하면서 각각의 소임을 다해 조직 전체의 시너지효과를 내는 것이 신뢰라고 생각한다.

승주컨트리클럽에 근무하는 직원들은 태풍이 불거나 눈이 오기 시작하면 상사가 별도의 연락을 취하지 않아도 새벽이나 밤늦게 자발적으로 출근해 피해복구 혹은 제설작업을 한다. 자진 출근해서 일을 하면 그것은 노동이 아니라 기쁨이 되는 것이고, 만약 회사가 비상호출을 해서 일하게 되면 노동이 될 수밖에 없다. 그래서 나는 출근한 모든 직원에서 필요한 식음료를 제공해주고 경우에 따라서는 시간 외 수당도 지급해주었다. 이처럼 노사 간 신뢰 있는 행동을 서로가 알아서 한다면 조직 유효성을 증대시킬 수 있을 것이다.

스티븐 코비(Stephen Covey)는 그의 저서 『신뢰의 속도(The Speed of Trust)』에서 신뢰 여부에 따라 많은 비용이 소비되거나 이익을 창출할 수 있다며 신뢰경제학에 대해 이야기하고 있다. "9.11테러로 미국 내 항공여행에 대한 신뢰는 떨어졌으나, 이후 항공 절차와 시스템이 보다 엄격해져 항공기의 안전 및 탑승객의 신뢰는 높아졌다. 하지만 보안강화로 인해 여행하는 데 더 많은 시간과 비용을 지불하게 되었다. 9.11테러 전에는 항공기가 이륙하기 30분 전에 공항에 도착해도 신속하게 보안검색을 통과할 수 있었다. 하지만 이제는 보안검색을 통과하기 위해 미국 내 여행의 경우에는 1시간 30분 전에, 해외여행인 경우에는 2~3시간 전에 공항에 도착해야 한다. 또한 티켓을 끊을 때마다 신설된 9.11 보안세를 낸다. 신뢰가 내려가면서 속도가 느려지고 비용은 올라간 것이다. 반면 신뢰가 높아지면 속도가 빨라지고 비용은 내려간다.'**42**

신뢰의 리더십

후진국에서 선진국으로 가는 길목에는 소위 말하는 '짝퉁' 상품인 가짜상품이 있다. 우리나라도 1970년대를 전후해 가짜 상품이 유행을 했듯이 최근 중국에서도 가짜 상품이 활개를 치는 통에 중국산이라면 일단 의심부터 하는 습관이 생겼다. 진품이라는 거짓말에 속아 가짜 상품을 산 많은 사람들이 다음 거래에서는 상대를 의심하며 거짓을 확인하다 보니 기간이 길어지고 부대비용이 추가로 발생한다. 이처럼 믿지 못할 상대방과 같이 일을 한다는 것은 매우 어렵거나 성과 예측이 불가능하기 때문에 사람과의 신뢰관계는 리더십의 본질이라 생각된다.

우리가 어떤 사람을 신뢰할 때, 그들이 정직하고 진실 되게 행동할 것이라 가정하며, 신뢰성이 있다고 한다. 아울러 그가 우리의 믿음을 나쁜 곳으로 이용하지 않을 것이라 생각한다. 종업원들이 리더를 믿는다면 그들의 권리와 관심사항이 매도되지 않을 것이라고 확신하고 기꺼이 리더가 하는 일에 협력할 것이다. 반면 사람들은 부정직하거나 자신들을 이용할 것 같은 사람을 존경하거나 따르지는 않는다.

그동안 여러 회사를 경영하면서 조직구성원들이 경영자가 어떠한 언행을 할 경우에 신뢰받는 리더십을 구현할 수 있는지에 대해 체감한 세 가지를 언급하고자 한다.

첫째, 정직해야 한다. 조직구성원들에게 언제나 최선을 다하며, 왜곡·은폐되는 정보 없이 투명하게 정보를 공개한다는 생각을 해야 한다. 그러기 위해서는 진실 되게 이야기해야 한다. 진실이란 통합의 본질적인 부분이다. 일단 거짓말을 한 것이 드러나면 신뢰를 얻고 유지하는 능력이 크게 감소할 것이다. 사람들은 일반적으로 자신들이 듣기 싫어하는 소리는 참을 수는 있지만, 거짓을 이야기하는 것은 참기 어렵다고 한다.

둘째, 일관성이 있어야 한다. 상황의 변화나 유·불리에 따라 흔들리지 말고, 표명한 바와 행동을 일치시키고, 원칙을 지킨다는 생각이 구성원 전체에게 각인되어야 한다. 사람들은 예측 가능하기를 원한다. 불신은 기대치를 알지 못하는 것으로부터 나온다. 당신의 가치와 믿음으로 당신의 행동을 가이드하는 것이 일관성을 증대시키고 신뢰를 형성한다.

셋째, 약속은 반드시 지켜야 한다. 신뢰라는 것은 약속을 어기거나 공약을 남발하면 결코 유지될 수 없다. 나는 보고서 마지막의 일정계획을 적당히 작성해오는 것을 싫어한다. 반드시 목표일정을 역산해 정확한 일정을 만들어오기를 희망한다. 기일이 하루 지나는 순간, 신뢰는 불신으로 바뀐다. 가장 큰 문제점은 기일을 지키지 못했다는 것을 실패로 생각하지 않는다는 점이다. 마음가짐이 그러하다면 주위의 평가는 끝없이 추락한다. 이는 경영자에게도 마찬가지이다. 직원들과 대화에서 성급한 약속은 하지 않는 것만 못하다.

실천이 어려운 소통

어느 회사나 소통을 위한 행위를 한다. 그것도 아주 많이. 시도 때도 없이 열리는 회의는 말할 것도 없고 업무지시, 중간보고, 구두보고, 전자결재, 성과평가면담 등에 이르기까지 모든 과정이 소통이다. 이것으로도 부족해서 각종 회식과 티타임, 심지어는 체육대회에 워크숍에, 소통전문 강사초청 강연까지 연다. 이렇게 소통을 많이 하는데, 왜 항상 직장에서는 상하 소통이 안 된다고 토로하는 걸까? 그것은 상하 간, 세대 간 인식 차이가 크기 때문이라여겨진다. 대한상공회의소에 따르면 2018년 국내 매출액 상위 100대 기업 홈페이지의 인재상을 분석한 결과 63개사가 '소통과 협력'을 꼽아 가장 많았다. '소통과 협력'은 5년 전 7위에서 1위로 껑충 뛰어올랐다. 이어 56개사가 선택한 '전문성'이 2위를 차지했고, '원칙과 신뢰'는 49개사가 꼽아 3위에 올랐다. 대한상의는 "직원은 상사를 꼰대로 인식하고, 상사는

〈표1〉 100대 기업의 인재상 변화

구분	2008년	2013년	2018년
1순위	창의성	도전정신	소통협력
2순위	전문성	주인의식	전문성
3순위	도전정신	전문성	원칙·신뢰
4순위	원칙·신뢰	창의성	도전정신
5순위	소통협력	원칙·신뢰	주인의식
6순위	글로벌역량	열정	창의성
7순위	열정	소통협력	열정
8순위	주인의식	글로벌역량	글로벌역량
9순위	실행력	실행력	실행력

기업 인재상의 변화는 최근 기업 내 구성원 간의 소통이 그만큼 어려워지고, 개인보다는 팀 활동에 필요한 역량을 강조하기 때문이라는 분석이 나온다(자료: 대한상공회의소, 2018년 8월 27일).

직원을 자기 것만 챙기는 '요즘 애들'로 치부하는 경향이 심해지면서 기업 내 소통과정에 심각한 문제가 나타나고 있다."고 분석했다.[43]

이렇듯 우리나라 직장인들의 회식 때 자주 등장하는 술안주가 상하 간의 소통 문제인 듯싶다. 주변에서 듣고 있다 보면 처음의 주제는 그것이 아니었으나 대부분의 근본 원인은 소통 부재로 귀결된다. 이 책을 읽는 독자 분들도 한번 자세히 생각해보면 소통의 부재나 잘못이 원인으로 작용하는 경우가 자주 있다는 것을 어렴풋이나마 느낄 것이다. 영어로 소통은 커뮤니케이션(communication)이라고 하는데, '함께'라는 'comm'과 '하나'라는 의미의 'uni'를 합쳐서 '함께 하나가 된다.'는 뜻을 가진 말이다. 사실 함께 하나가 된다는 것이 쉬운 일이 아니듯 소통이 잘 실천되기가 쉽지는 않은 모양이다.

1984년 포스코라는 대기업에서 직장생활을 시작한 나는 당시 윗분들에게 보고 한번 하려면 많은 눈치를 보았다. 얼마나 근엄한 표정이었는지 흉내 내기도 어려웠다. 보고받는 분이 엄숙한 표정으로 질문까지 던지면 얼어서 답변이 제대로 되지 않았다. 보고라는 과정이 서로 간의 대화를 통해 최선을 추구하기보다는 일 방향 의견제시와 재검토 지시 등으로 끝이 나고, 수정작업을 하면서도 내용에 대한 공감대 없이 밤을 새우는 경우가 많았다. 이렇듯 오래전 상황을 꺼내는 것은 일 방향 소통 과정에서 엄청난 비용과 시간 손실이 발생한다는 것을 알려주기 위해서다. 『동의보감』에 '통즉불통, 불통즉통(通卽不痛, 不通卽痛)'이란 말이 있다. 통하면 병이 나지 않고 통하지 않으면 병이 생긴다는 뜻이다. 조직도 법인(法人)이라는 인격체이기에 소통이 잘되면 일이 잘 풀리고 소통이 안 되면 문제가 발생한다. 소통이 되지 않아 생긴 소소한 문제가 결국에는 불통의 원인이 되고 불통에 따른 비용이 증가한다는 것이다.

소규모 진심 담긴 소통

그러나 이러한 일 방향 소통도 시대 흐름에 따라 많이 개선되어 왔다. 개인이 가진 수많은 생각과 사고를 흡수해 창의적인 조직을 운영해야 하는 요즘은 이러한 과거 방식으로는 한 발짝도 내딛기 어려운 경우가 있어서 구성원들의 다양한 의견을 모아야 한다. 주변의 참모 몇 명이 전체 의견을 취합해서 올리는 의견은 의도적이지는 않지만, 표현 방법의 차이로 정확하게 전달이 되지 않을 수도 있다. 배 아픈 사람이 있는 경우 그 원인이 소화불량 혹은 맹장염인지 아니면 사촌이 논을 사서 배가 아픈지에 대해 명확히 알아야 그에 따른 정확한 처방을 내릴 수 있는 것이다.

그래서 경영자는 직원들과 직접 소통하는 기회를 자주 갖는 것이 필요하다. 나는 내가 경영자로 있었던 모든 회사에서 직원들과 소통에 많은 시간을 할애하고 그들의 의견을 듣고자 노력을 기울여왔다. 주로 나는 10명 내외의 소규모로 만찬 간담회를 자주 했다. 처음에는 종전 사장들도 의례적으로 하는 형식적인 만찬으로 치부했지만, 시간이 흐르면서 나의 진심을 알아주고 점차 직원들이 적극적으로 간담회에 동참해주어서 조직 분위기도 좋게 개선되어 갔다. 간담회를 통해 나의 경영철학과 회사 경영목표를 직원들에게 이해가 되도록 수차례 설명해주고 필요한 질문을 받았다. GE의 잭 웰치(Jack Welch) 전 회장은 "열 번 이야기하기 전까지는 한 번도 이야기한 것이 아니다(Until you said something ten times, you haven't said it at all.)."라고 말한 바 있다. 이 말의 의미는 소통은 상대방이 알아들을 때까지 계속해야 한다는 뜻이다. 이러기 위해서는 상대방 입장의 언어로 대화를 해주어야 하며, 이해가 될 때까지 지속 반복해주어야 한다.

2010년 새로 설립한 광고회사 포레카의 경우 창의성이 요구되는 일이 대부분으로 조직 내부에서 상하 간 의사소통이 자연스럽게 이루어지는 문화를 만들기 위해 상당한 노력을 기울였다. 첫째, 월요일 아침 출근과 동시에 전 임직원에게 '월요편지'를 발송했다. 이는 개인적으로 일요일 오후 서너 시간을 할애해 지난 한 주간의 회사 일을 되돌아보고, 이번 주에 할 일을 미리 생각해보고 내가 생각하는 방향을 직원들과 공감하는 일이었다. 둘째, 매주 금요일에는 그 주의 생일인 사람을 오찬에 초청해 대화를 나누는 '금요데이트'를 실시했다. 금요데이트를 통해 직원들의 신상을 더 상세히 알고 서로 간에 더 가깝게 다가갈 수 있었던 것으로 판단된다. 셋째, 한 달에 한 번씩 번개미팅 형식으로 한정된 인원과 영화, 연극, 뮤지컬, 야구경기 등을 관람하고, 행사 이후에는 대화의 시간을 갖는 '게릴라 미팅'을 추진했다.

포스메이트의 경우 700여 명의 직원이 전국 열 군데 이상 사업장에서 근무하고 있어 직원들과 직접 대화하기가 어려웠다. 나는 이들과 직접 대화를 나누고자 별도의 일정계획을 마련해 10개월 동안 650명의 직원을 만났다. 1회당 만나는 인원을 12명 정도로 한정했고 그들에게 일일이 이름을 부르며 술을 한 잔씩 주고받았다. 회식을 통해 직원들과 만남이 이루어질 때 규모가 너무 크면 형식적인 간담회 행사로 변질되어 직원들이 하고 싶은 이야기를 듣는 것이 아니라 내가 듣고 싶은 이야기를 직원들이 하는 경우가 발생한다. 그래서 참석인원도 소수로 하고 가깝게 머리를 맞대는 아담한 장소를 정해야 솔직한 이야기가 많이 나온다.

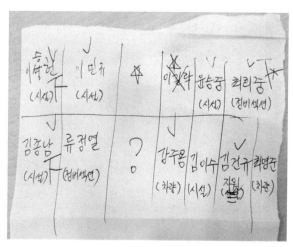

직원과 만찬 간담회 시 항상 직원들이 앉은 순으로 이름을 메모한다. 직원 이름을 모두 기억하지는 못해도 당일 만나 식사하는 동안만이라도 그 이름을 계속 불러주기 위함이다. 메모 주위에 여러 가지 기호는 술잔을 주고받은 횟수 등을 필자만 알 수 있도록 표시한 것이다.

모든 일은 때를 놓치면 제대로 되더라도 아무 소용이 없다. 조직 내 소통도 이슈에 따라 제대로 이루어져야 한다. 그 당시 혹은 그 상황에 맞는 소통을 위해서는 타이밍이 맞아야 한다. 직원들의 관심은 온통 휴가에 있는데 경영자는 휴일 근무에 대해 이야기한다면 서로가 피곤한 일이다. 개그 프로에서 하는 유머는 의미가 있고 재미도 있는 데 반해 우리가 그것을 써먹으려고 하면 썰렁한 설명이 될 수밖에 없는 이유는 주변 상황에 대한 적시성이 떨어지기 때문이다.

적시성 있는 소통을 위해서는 주제도 주제지만 조직을 조금 더 플랫하게 가져갈 필요가 있다. 조직에서 계층이 많아지면 격식이나 예의를 갖추는 형식적인 측면이 부작용으로 발생하고 커뮤니케이션 채널도 많아져서 정보전달에 혼선이 빚어진다. 즉, 의사전달 시간도 더 걸리고 누락이나 왜곡이 발생하기 쉽다. 특히 작은 규모의 회사에서 대기업과 같은 수준의 계층조직을 운영하면 커뮤니케이션 손실이 발생을 해 실효성 있는 의사결정을 기대할 수 없다. 또한 현장 중심의 사업장의 경우 계층이 많으면 보고하는 과정에서 많은 시간이 소요되어 적시성 있는 대응이 어렵다. 승주컨트리클럽의 대부분의 직원들은 출근과 동시에 골프장 전체에 산재해 있는 각자의 근무지로 가서 일하게 된다. 나는 이러한 근무여건을 고려해 직원들이 별도의 보고서를 작성하기보다는 즉시 보고하고 의견을 교환하는 상시보고체제로 보고방식을 전환했다. 현장작업이 완료되면 스마트폰에서 찍은 사진에 간단히 주석을 달아 보고하는 것으로 종료시켰다. 필요하다면 관련 업무 담당자와 직접 현장으로 가서 같이 의견을 나눈 후 결론을 내도록 했다.

소통의 시작은 상사의 관심에 있다. 소통은 상사가 부하에게 다가가는 것이다. 부하가 상사 방에 들어오면서 소통하고 싶다고 이야기하는 경우는 절대 없다. 전부 보고하러 왔다고 한다. 그래서 소통은 상사가 시작하는 것이다. 경영학의 구루 피터 드러커(Peter Drucker)가 "병목현상은 항상 병 위쪽에 있다."고 말한 것도 같은 의미이다.

승주컨트리클럽 대표이사 재직 시 순천상공회의소 상임의원 역할을 하면서 지역 일자리 창출
에 많은 노력을 기울였다. 상공회의소 회원인 각 기업들이 CSR(기업의 사회적 책임)차원의 기
부도 중요하지만 고기를 잡아주지 말고 잡는 방법을 알려주라는 유대인들의 이야기처럼
CSV(공유가치 창출) 방식의 사업이 좋겠다는 의견을 제시했다. 지역사회는 가난한 사람들을
위해 기술을 배우게 하고 일자리를 만들어주어 이들이 사회생활을 통해 스스로 자립할 수 있
도록 만들어 준다면 개인은 물론 기업에게도 이익이 된다는 것이다.

15장 이해관계자와 동반성장

기업의 사회적 책임

2012년 말에 포스메이트와 승주컨트리클럽을 보유한 승광 간에 회사합병이 이루어졌다. 포스메이트는 건물관리 등 자산관리 서비스 전문 업체로 경기도 파주 인근에 J퍼블릭이라는 작은 골프장도 보유하고 있었는데, 승주컨트리클럽과 골프장 사업을 통합해 시너지 효과를 낸다는 게 합병취지였다. 이 합병은 포스메이트가 존속 기업으로 남고 소멸되는 승광의 자산·영업·채무의 소유자가 되는 흡수합병이었다. 양사의 합병에는 여러 가지 어려운 점이 동반되었다. 외형적인 통합도 중요하지만 20년간 달리해온 두 회사의 각종 제도를 조정하고 인원을 합치는 데 어려움이 있었다.

합병하는 과정에서 가장 중요한 것들 가운데 하나가 이해관계자들에게 합병의 취지를 설명하고 이해를 구하는 것이다. 이해관계자는 회사 외부에도 있고 내부에도 있다. 외부이해관계자에 대해서는 신문에 합병공고를 내고 외부이해관계자의 이의제기를 행정적으로 처리하는 법률적인 과정을 거치지만, 실질적으로는 합병에 따른 근거 없는 부정적인 이야기나 합병취지와 달리 기업 가치를 하락시키는 소문이 나서는 안 된다는 생각이 들었다.

당시 나는 승광 사장으로 20년 전 지역사회의 요청으로 골프장 운영을 시작한 승주컨트리클럽의 성격과 지역사회에 거주하는 분들이 주고객이라는 점을 고려하며 합병작업을 추진해야 했다. 그래서 금융기관, 상공회의소, 방송국, 신문사, 세무서, 시청 등 이해관계기관에서 일하는 관계자와 기존 승주컨트리클럽의 주고객인 회원 분들을 지속적으로 만나 합병취지를 설명하고 이해와 협력을 구하는 시간을 가졌다.

이와는 별도로 인수합병으로 결합되는 두 기업 간에는 운영적 차원, 기능적 차원, 전략적 차원, 문화적 차원에서 내부적으로 차이가 있었다. 합병된 두 기업의 조직문화는 일시에 동화되기가 쉽지 않고 인사제도나 급여 수준의 차이도 있다. 특히 포스메이트보다 규모가 작은 승광 직원들은 향후 유사기능을 수행하는 조직의 통폐합과정에서 직책 보임이나 승진 및 급여 등의 처우에서 불이익을 받을 것이라는 우려가 있었다. 합병 목적을 조기에 달성하고 합병 후유증과 내부갈등을 최소화하기 위해 나는 통합에 대한 전략 방향과 두 회사 간의 인사제도 차이를 확인하고 이를 줄일 방안을 마련해 직원들에게 일일이 설명을 하면서 이해를 구했다.

이렇듯 이해관계자와의 협력이 필요한 이유는 기업이라는 조직이 기업 단독으로는 존립하기 어려운 시대적 여건에 와 있기 때문이다. 너무나 많은 이해관계자가 기업생태계라는 큰 틀 안에 함께 존재하므로 이러한 생태계 안에서 잘 적응해야 지속가능한 경영을 할 수 있다. 비즈니스에서 제로섬(zero-sum) 신봉자들은 사회진화론(Social Darwinism)에 대해 투철한 믿음을 가지고 있다. 제로섬 사고방식은 하나의 이해관계자 집단은 다른 이해관계자 집단의 손실을 통해서만 이익을 얻을 수 있다는 결론에 이르게 한다. 진화론에서 다윈(Darwin)은 '가장 적합한 것이 살아남는다(survival of the fittest).'라고 했지 '승리한 것이 살아남는다(survival of the winner).'라고 하지 않았다. '가장 적합한 것'은 반드시 다른 사람을 이기거나 정복하거나 통제함을 의미하지 않는다. 장기적인 관점에서 가장 적합한 것은 어떻게 협력하는지를 아는 것과 더 연관이 깊다.**36** 기업 생태계 안에서 이해관계자와 협력해 동반 성장할 수 있을 때 적합한 종으로 살아남을 것이다.

기업은 이해관계자와 어떻게 협력해야 하는지에 대한 한 방법으로 기업의 사회적 책임(CSR: corporate social responsibility)이라는 관점에서 접근하는 경향이 있다. 일반적으로 사회적 책임활동이라면 연말연시 불우이웃돕기, 사랑의 바자회, 수해성금 등 특정시즌이나 이벤트가 발생했을 때 반기업 정서를 완화하고 사회적 책임이라는 압력에 의무감을 느껴서 참여하는 경우를 많이 보아왔다. 그러나 이런 것이 기업의 CSR 활동의 전부는 아니다. 하지만 아직도 많은 기업은 사회를 위해 단순히 좋은 일을 하는 것에 만족하고 있다. 사회를 위해 선행을 베풀면 언젠가 위기가 닥쳤을 때 방패막이가 되어줄 거라 믿는 기업도 적지 않다. 성숙하지 못한 기업의 CSR 활동은 '생존'을 위해, 또는 단순히 '자기만족'을 위해 이루어지고 있으며, 기업이 희생해서 사회에 이익을 제공한다는 논리를 저변에 깔고 있다.

이와는 달리, 기업은 사회에 기여하면서 동시에 기업의 '이미지'를 제고할 수 있고, 더 나아가서는 기업의 '경쟁력'을 강화할 수 있다.

CSR 활동이 기업 이미지를 제고해 마케팅에 연결되고 기업경쟁력을 강화하는 측면이 있으나, 기업의 사회적 책임과 관련된 활동을 마이클 포터(Michael Porter) 하버드대 교수는 '공유가치창출(CSV: creating shared value)' 개념으로 설명했다. 기업이 돈을 많이 번다고 해도 기업경영 결과인 이익을 사회와 직접 나누는 것보다는 경영과정과 관련된 사회분야에서 상호 협력을 통해 가치를 창출하는 것이 기업과 사회에 더 큰 도움이 된다는 것이다.[37]

그러나 나는 기업을 경영하는 입장에서 포터 교수의 CSV 활동에 찬성은 하지만, 전 국민이 선진 시민의식을 가진 수준에 도달하기 전 단계라면 CSR 활동도 어느 정도 병행해나가야 한다는 생각을 하고 있다.

승주컨트리클럽에서 실시한 다문화가족 초청행사, 지역마을 경로잔치 행사, 지역 골프 꿈나무 육성 등의 활동과 전남드래곤즈에서 실시한 초등학교 등굣길 안전 지킴이 활동, 도서지역 방문 사랑의 축구교실 활동, 그리고 포스메이트에서 매달 세 번째 토요일 전 직원이 해당 근무지역별로 참여하는 봉사활동 등은 CSR 활동의 일부로 전개되었으며, 순천만권 저소득층 인력양성 및 취업지원사업 등은 CSV차원에서 이루어졌다.

협력적 동반관계

기업의 내외부 이해관계자를 분류해보면 대략 다섯 가지 범주로 분류할 수 있다. ▲상품이나 서비스를 구매하는 고객, ▲주주나 금융기관 등의 투자자, ▲공급사·외주업체 등 서플라이 체인상에 있는 협력업체, ▲정부와 지방자치단체 등 사회단체, ▲현재 함께 근무하고 있는 직원이다. 기업생태계 안에서 이해관계자 중 어느 한 편이 잘못되면 다른 모든 이해관계자에게 영향을 미친다. 나는 공동체 전체의 동반성장이 될 수 있는 방향, 즉 공유가치 창출(CSV) 개념으로 다섯 범주의 이해관계자들과 협력관계를 유지해 왔다.

첫째, 자사의 상품이나 서비스를 구매하는 고객이다. 필립 코틀러(Philip Kotler) 교수는 『마케팅 3.0』에서 '고객의 혼에 호소하라'라는 말을 했다. 그는 고객감동을 넘어서 이제는 고객의 영혼을 울릴 수 있는 마케팅 활동이 중요해졌음을 시사하고 있다. 가격에 근거한 마케팅보다는 가치에 근거해 고객가치를 올릴 수 있는 감성적인 접근이 필요한 것이다. 다음은 고객의 가치와 관련된 기업의 생존 부등식으로 V는 P보다 커야 하고, P는 C보다 커야 기업이 생존할 수 있다.

$$V(\text{value: 가치}) > P(\text{price: 가격}) > C(\text{cost: 비용})$$

여기서 V-P는 소비자 이익이고, P-C는 기업이익이다. 그 두 개가 합쳐진 V-C는 사회적 이익이라고 볼 수 있으며, 이 사회적 이익이 극대화되는 것이 동반성장 경영의 목표가 되어야 한다는 생각이다.**38** 승주컨트리클럽을 맡은 이후 임직원들과 토론과정을 거쳐 회사미션을 '한번 찾은 고객이 잊지 못해 다시 찾는 명품 컨트리클럽을 만든다.'로 다시 정했다. 이는 고객가치를 증대시키는 영업활동으로 충성고객 기반을 확대함으로써 사회적 이익을 극대화해 고객과 회사가 동시 만족을 얻을 수 있도록 하자는 뜻이었다.

둘째, 주주나 채권자 등과 같은 투자자이다. 단기업적주의와 같은 재무적인 성과도 중요하지만, 장기적인 사업의 전략 방향에 근거한 비전을 제시하고 협력을 구하는 것이 투자자에 대한 전략적 가치가 더 크다. 너무 단기적인 안목으로 본인 재임 시에 성과를 내겠다는 생각에 집착해 투자기회를 상실하면 장기적으로는 투자자에게 이익이 될 수가 없다. 경영자는 주주와 채권자에게 이를 잘 설명하고 항시 적극적인 지원을 이끌어내야 한다. 그리고 새로 관계를 맺는 금융기관이나 채권자와의 관계를 잘 유지해야 한다. 그들은 종국적으로 그들의 이해득실에 따라 민감하게 움직인다.

특히 소유와 경영이 분리된 지배구조에서 투자자와 전문경영인 간에 주인-대리인 문제(principal-agent problem)를 만들어 낸다. 경영자가 주주의 가치를 극대화하지 않고 자리의 안전을 더 염려한 투자의사 결정 혹은 자신의 편안함을 추구하기 위한 방만한 경영, 이러한 경영자를 감시하기 위해 발생하는 추가적인 대리인 비용(agency costs) 발생 등은 투자자와 협력관계 유지를 어렵게 만든다.**39** 나는 전문경영인으로서 이러한 대리인 문제가 발생하지 않도록 주주 이익을 극대화하기 위해 노력했으며 응접실이 없거나 집무실도 소파가 없는 사무실 형태로 구성해 일을 했다.

셋째, 자재를 공급하거나 일의 일부를 공유해서 진행하는 협력회사들과의 관계이다. 근자에 유행처럼 이야기되는 우월적 지위를 이용한 갑의 입장이 아니라 기업생태계 안에서 함께 호흡하고 공존하며 품격 있는 조화를 이루어 나가야 한다. 어떤 기업이 핵심역량에 해당하는 기능만 남기고 나머지는 아웃소싱 형태로 일을 해나가는 경우에, 제품이나 서비스가 제대로 공급되기를 희망한다면 반드시 '그들이 우리이고, 우리가 그들'이라는 입장을 견지하지 않으면 최종적으로 고객을 만족시킬 수 없다. 기업의 경쟁력만을 고려한다면 모든 것이 비용으로 보일 것이다. 그러나 기업생태계의 전체적이고 장기적인 측면을 고려한다면 이들과의 지속적인 협력을 통한 동반성장을 도모해야 한다.

포레카에서 광고 수주를 위해 광고주에게 프리젠테이션을 하고 나면 제안내용이 좋아서 채택이 되어 광고를 수주하거나 기각이 된다. 제안서가 기각되면 광고회사 입장에서는 그동안 투입된 인건비나 재료비 등의 비용이 회수되지 않는다. 비용회수는 고사하고 어떤 경우에는 제안서에 포함된 아이디어까지 광고주에게 넘어가게 된다. 나는 광고회사 사장이 된 이후에 이러한 일방적인 관행이 존재한다는 것을 알았다. 이러한 관계는 포레카와 협력회사 간에도 존재했기에, 나는 협력업체의 아이디어나 제안서에 대해서는 그에 상응한 비용을 보상해주었다. 또한 승주컨트리클럽에서 아웃소싱(outsourcing)한 외주업체에 대해 외주비용을 산정할 경우 외주업체 직원에게 지급되는 인건비는 관리비를 제외한 최소임금이 기본적으로 보장되도록 책정해 지급했다.

넷째, 정부와 지방자치단체 등 사회단체와 관계이다. 어떻게 보면 대부분의 이해관계자가 여기에 속할 수 있다. 정부를 언급했지만 일반적으로 각 기업이 처해있는 지역과 관련된 모든 이해당사자들을 통칭해 '지역사회'라 할 수 있다. 이 지역사회에서 열렬히 환영받지는 못할지언정 지탄받을 대상이 되어서는 절대 안 된다. 지역의 고용문제나 환경문제에 동참하고 봉사활동 등을 통해 지역민과의 관계를 가깝게 유지해놓아야 한다. 또한 유관기관이나 비공식 조직에 대한 대화 창구를 항상 열어놓아야 한다. 다른 이해관계자

도 그러하지만, 지역사회와 관련이 있는 분야는 지속적인 관계유지가 매우 중요하다. 이를 위해 한두 번 만남에서 깊은 인상을 심어줄 수 있는 '만남의 강도'보다 수많은 만남을 통해 서로간의 사정을 십분 이해할 수 있는 '만남의 빈도'가 더 중요하다는 것을 강조하고자 한다. 포스메이트 대표이사 시절에 나는 순천시와 협력하여 지역관광활성화를 위해 많은 노력을 기울였다. 또한 전남드래곤즈에서는 지역대학

2017년 5월 19일 공유가치창출(CSV)의 일환으로 순천시와 체류형 관광활성화에 대한 업무 협약을 맺었다.

출신 인재채용을 적극 추진했으며, 라이온스 모임 등에서의 강연을 통해 지역사회와의 협력관계 유지를 위해 노력했다.

마지막으로, 현재 함께 근무하고 있는 사람들과의 관계이다. 나는 나와 함께 근무하는 직원들이 '출근하고 싶은 회사'와 같은 분위기를 만들기 위해 항상 노력해왔다. 일을 함에서는 우선적으로 모범을 보이고 잘못된 것을 꾸중하기보다 재발하지 않도록 교육에 중점을 두었다. 나의 직원은 내가 부재중일 경우 나를 대변하는 존재이기에 내가 추구하는 수준에 맞도록 직원을 성장시키는 것이 진정으로 직원들을 사랑하는 것이라고 생각했다. 골프장의 경우 내장객과 가장 많은 시간을 접하면서 고객서비스를 제공하는 사람은 경영자가 아니라 캐디(caddie)이다. 그래서 캐디에게 만족스러운 근무환경을 지원한다는 것은 이들이 고객 만족을 이끌어내어 충성고객을 만들어 내는 결과를 가져올 수 있다. 파주에 소재하고 있는 J퍼블릭 골프장은 도심과 상당히 거리가 멀어 캐디들의 출퇴

파주 J퍼블릭 골프장 캐디들의 출퇴근 문제해결 등 근무환경 개선을 위해 지상 3층 18실의 전담숙소를 2013년 8월 1일 준공했다.

근이 어려운 상황이어서 캐디 숙소를 별도로 지어주었다. 그동안 각자도생(各自圖生)을 하면서 어려운 출퇴근 환경에서 일하던 캐디들이 새로운 시설에서 편히 지내면서 근무 중에는 고객 만족을 위해 더욱더 노력할 것이다.

관계유지는 경영자가 앞장

이해관계자와의 관계유지는 경영자의 개인적인 성격이 내향적인지 아닌지와 아무런 관련이 없다. 경영자가 되는 순간 숙명처럼 받아들여야 하는 일인 것이다. 경우에 따라서는 경쟁자와도 만나야 한다. 그 모든 이해관계자와 애정을 가지고 협력하고 도움을 주고받는 것이 이해관계자와의 관계유지이다. 앞서 광고 산업은 수주산업이라고 언급한 바가 있다. 흔히들 포레카가 그룹 내 계열사이기에 그룹 내 광고물량은 당연히 몰아주는 것으로 오해하기 쉽다. 그러나 세상에 공짜는 없다. 포레카의 광고기획안이 다른 광고회사보다 좋아야 하고, 공개경쟁입찰 등을 통해서 기회도 잡아야 한다.

나는 계열사 내에서 광고를 수주하기 위해 수많은 이해관계자를 만났다. 그들이 앞서 언급한 다섯 가지 이해관계자 범주 가운데 어디에 속해 있든지 간에 연 2회 정도 주기적인 로드쇼를 통해 많은 사람들을 만났다. 연인원 50여 명 이상의 인사를 접촉하면서 그들에게 편지를 보낸 후 방문하는 일을 이어갔다. 단순한 방문이 아니라 진심으로 설명하고 협력을 요청한 적이 많다. 이러한 관계유지

활동이 결국 얼마 지나지 않아 수주로 연결이 되었다.

독자 여러분도 아시다시피 어느 날 갑자기 특정인으로부터 어려운 부탁을 받는 것보다 평상시 지속적으로 만난 사람의 이야기가 훨씬 편하게 느껴지는 것은 인지상정이다. 미국소매상협회에서 연구한 자료에 따르면 물건을 판매할 때 세일즈맨 중 48%는 한번 권유했다가 포기하고, 두 번 권유했다가 포기하는 사람은 25%, 세 번 권유하는 사람은 15%라고 한다. 네 번 이상 권유한 사람은 12%였다. 놀라운 것은 네 번 이상 권유한 12%의 세일즈맨이 전체 판매량의 80% 이상을 차지하고 있었다는 사실이다.[40] 이해관계자와의 지속적인 관계유지가 얼마나 중요하다는 것을 알려주는 좋은 사례이다.

제3부

OUTPUT

||||||||||||||||||

일은 역할이고 성과는 책임이다

직원을 평가하는
상사의 기준은 단 하나다.
'저 친구가 밥값은 제대로 하고 있는가?'
즉 기대한 만큼 '성과'를 내고
있는지의 문제다.

류량도 컨설턴트의 저서
— 『일을 했으면 성과를 내라』 중에서 —

The First
100 Days in posmate

(대표이사 부임후 성공에 대한 동력확보기간 100일)

I.   회사현황을 최대한 신속히 파악하였습니다.

II. 새로운 경영철학 '야생화 경영'을 전 직원과 공유하였습니다.

III. 조직개편과 인사이동을 통한 변화관리를 추진하였습니다.

IV. 이해관계자와 적극적인 소통을 하였습니다.

V. 신성장 동력을 찾기 위하여 매진하였습니다.

VI. 'The First 100 Days' 이후를 고민하였습니다.

2017년 5월 16일

포스메이트 사장 박세연

경영학
연 습

2017년 2월 6일 포스메이트 사장으로 부임하여 100일 되는 시점에 포스코 회장님에게 보고한 내용이다. 루즈벨트(Roosevelt) 대통령의 경우 '취임 후 Hundred Days', 하버드 대학의 마이클 왓킨스(Michael Watkins) 교수의 'The First 90 Days' 이론과 같이 새로운 리더는 부임후 100일 혹은 3달 이내에 조직을 장악하고 성장 모멘텀을 마련하지 못하면 기존의 관행에 묻혀서 변화와 혁신을 기하기가 어렵다는 말에 동의하는 편이다. 부임 후 100일간의 성과와 이후회사 운영방안에 대해 고민한 내용을 보고하였다.

16장 성과평가와 동기부여

성과평가와 배분 공정성

사회주의 혁명가 레닌은 일과 노동의 중요성을 누구보다 잘 알고 있었다. 1918년 세계 최초로 제정한 공산 헌법에 '일하지 않는 자, 먹을 수 없다.'는 조항을 넣은 이유다. "자본주의에서 열심히 일하는 정신을 배우자."는 유언도 남겼다. 하지만 레닌 사후, 소련은 일하지 않는 자들의 나라로 치달았다. 74년간의 실험은 예고된 파산으로 끝났다.

자본주의는 부지런함을 보상한다. 많이 일할수록 성공에 가까워진다. 반면 사회주의는 결과적으로 게으름을 보상한다. '능력대로 일하고 필요한 만큼 나눠 갖자.'는 구호는 그럴듯하지만, 일할 동기를 차단한다는 치명적 약점을 갖는다. 자본주의의 승리는 '노동량' 격차가 부른 자연스러운 결말이다.[50]

우리가 어떤 행사에 가서 애국가를 합창하면 독창할 때보다 목소리가 작아지게 된다. 내가 아니더라도 누군가 크게 부르겠거니 하는 생각에 적당히 부른다. 줄다리기할 때 인원이 늘어날수록 개인은 온 힘을 다 쓰지 않는 심리학 이론을 링겔만 효과(Ringelmann effect)라 한다. 혼자서 일할 때보다 집단 속에서 함께 일할 때 노력을 덜 기울이기 때문에 나타나는 현상이다. 이와 같이 공동생산체제에서는 사람들이 모든 노력을 기울이지 않아 성과가 줄어들어 배분 시에 분배량이 줄어든다.

아담 스미스(Adam Smith)는 『국부론』에서 "푸줏간 주인, 양조장 주인, 빵 굽는 사람들의 호의 때문에 우리가 오늘 저녁을 먹을 수 있는 것이 아니라, 그들이 자신의 이익을 위해 일하기 때문이다."라고 이야기한 바 있다.[51] 이와 같이 사람은 '자기이익 극대화를 위해 행동한 결과 저녁을 먹을 수 있는' 자본주의체제와는 달리 공동분배라는 전제하에서는 개인이 투입한 노력에 대한 상응한 배분이 이루어지지 않아 공동분배에 대해 불만을 느끼게 된다. 사람들은 적게 일하고 많이 가져가겠다는 이기심이 있기에 결과에 대한 정당한 평가와 상대적 차등배분이 이루어지지 않으면 불만이 생기는 것이다.

경제주체로서 개인의 행동이 이러할진대, 이러한 개인을 고용해 조직을 운영하는 회사 입장에서 보면, 전 직원에게 성과에 대한 차등 없이 균등한 분배를 한다는 것은 생산성을 떨어뜨리는 요인이 된다. 그래서 성과평가를 어느 정도 정확하게 해 일한 만큼 상응한 배분을 하는 게 공정하다고 본다. 이 같은 원론적인 이야기에 대해서는 대부분 찬성을 한다. 그런데 실제 운영을 해보면 상황이 달라진다. 성과평가에 따라 차등지급이 이루어지면 불만이 발생한다는 정서적 요소가 작용해 평가도 어렵고 제도 시행도 쉽지 않다. 제도를 잘 설정해놓고도 이를 평가하는 사람들이 제대로 운영하지 못하는 것 또한 취지를 무색게 하는 요소다.

이처럼 성과 배분에 있어 개인 성과급제를 강조하면 개인 중심으로 업무가 흘러 공동 작업에는 관심이 약해져서 조직 전체 성과가 약화되고, 집단 성과급제를 강조하면 일부 무임 승차자(free rider)가 발생하는 등 개인역량을 최대로 결집하기 어렵다. 업종의 특성과 직무에 따라 이를 잘 조정해서 배분하는 것이 결코 쉽지 않는 일이다.

또한, 성과배분의 방법의 하나로 이익 공유제(profit sharing)를 선진화된 방안이라고 생각해 도입하는 기업이 있다. 이 제도를 처음 도입했을 때는 좋으나 일정 기간이 지나면 종업원들이 이를 고정상여금처럼 여겨 추가배분을 기대케 하는 단점이 발생한다. 매년 성과급 지급 전후에는 이익공유제의 특성과 취지를 지속해서 교육하고 이해도 도모해야 안정적인 운영이 가능하다. 여하튼 성과 배분을 고정화된 제도로 처음 도입할 경우 수없이 고민해야 하는 것은 경영자의 몫이다. 기업의 규모가 작으면 이 제도가 발목을 잡을 수도 있고, 불황기에는 이익이 나지 않아 근로자의 사기를 저하할 수 있다는 단점을 알고 있어야 한다.

주관성이 강한 성과평가

평가에 대한 불신이 높은 이유 중 하나는 다른 사람보다 스스로를 긍정적인 관점에서 바라보는 경향이 있다는 점이다. 어느 전국적인 통계를 보면 대부분의 경영자는 다른 경영자들보다 자신이 더 도덕적이라고 믿고 있다. 도덕적 직관을 연구하는 심리학자들도 마찬가지로 자신이 다른 심리학자보다 더 도덕적이라고 생각한다. 미국 대입시험위원회(College Examination Board)가 고교 고학년생 82만 9,000명을 대상으로 조사한 결과를 보면, 학생들의 60%가 '다른 사람들과 어울리는 능력'이 상위 10%에 든다고 주장하고 있다. 반면에 평균 이하라고 답한 학생은 단 한 명도 없었다. 이런 '자기복무적 편향(self-serving bias)'에 관해 재미있는 조사 결과가 있다. 1997년 《US뉴스앤월드리포트(U.S. News & World Report)》지는 미국인들을 대상으로 '누가 천국에 갈 확률이 가장 높을 것으로 생각하는가?'라는 설문을 던졌다. 빌 클린턴은 평균 52%였고 다이애나 황태자비는 60%였다. 오프라 윈프리는 66%, 마더 테레사는 79%였다. 그런데 자기 자신이 천국에 갈 확률은 평균 87%라는 응답이 나왔다.[52]

이처럼 평가는 자기 자신에 대한 주관성이 강하여 성과평가결과에 대해 만족하지 못하는 경우가 발생한다. 평가란 무엇인가에 대한 원론적인 견해는 '대상이 얼마나 가치가 있는지'를 따지는 활동이다. 그러나 기업의 평가는 대상 자체의 가치보다 실제 성과창출에 얼마만큼 기여했는지가 중요한 평가관점이 되어야 한다. 《머니볼(Moneyball)》이란 영화에서 프로야구 오클랜드 애슬레틱스팀의 단장 빌리 빈(W. L. Beane)이 "선수들의 조건에 따라 연봉을 정하는 것이 아니라 승리에 기여한 정도에 따라 돈을 주려고 한다. 선수를 사는 것이 아니라 승리를 사야 한다."라고 말하는 대목이 이를 대변해 준다.

2013년 연말 전남드래곤즈 축구단의 승리수당 제도가 불합리한 것 같아서 코치진과 프런트 직원들과 문제점을 토론했다. 승리수당은 리그에서 경기에 이기면 100(지수 기준)이 지급되는 수당으로 성과에 대한 즉각적 보상을 의미한다. 나는 강팀을 만나서 이겨도 100, 리그 최하위 팀을 만나서 이겨도 100과 같이 동일하게 지급되는 승리수당은 공정성이 모자란 평가로 보였다. 경기에서 선수들이 정말 열심히 노력해 경기에서 이길 경우 승리수당을 지급하는데, 약한 팀과 전력을 다하지 않고도 이기면 같은 금액의 수당이 나간다는 게 이해가 되지 않았다. 더군다나 경기에 지면 출전선수의 연봉이 삭감되는 것도 아니어서 지고 있는 경기를 역전시키고자 하는 동기부여효과도 없었다.

네덜란드 PSV 에인트호번(PSV Eindhoven)의 경우를 보면, 지난 시즌 성적 상위 1~4위 팀을 상대로 이기면 6천 유로, 나머지 팀들은 4천 유로의 승리수당을 지급한다. 리그 우승을 할 수 있는 팀이 대체로 정해져 있다 보니 라이벌과의 경기에 승리수당을 집중한다. 또한 무승부의 경우 유럽 팀들은 승리수당의 1/3을 지급한다.[53] 이와 같은 사례들을 근거로 종전에 어느 팀과의 경기에서 이겨도 100이라는 승리수당이 나간 것을, 6위 이내 팀에게 이겼을 경우 150, 7위 이하 팀에게 이겼을 경우 60이 나가도록 했으며, 연승수당과 무승부수당 및 역전승리 시 가중치를 두는 등 동기부여가 되도록 승리수당 제도를 개선했다. 이러한 제도 개선이 절대적인 영향을 끼친 것은 아니겠지만, 2013년 리그 10위였던 전남드래곤즈가 2016년 리그 5위라는 성적을 낸 것을 보면 어느 정도 영향을 미쳤을 것이라고 추론해볼 수 있다.

　나는 개인의 능력이나 노력도 중요하지만, 그것이 성과와 직결되었는지가 성과평가의 중요한 요소임을 이야기하고자 한다. 그래야 조직의 전반적인 분위기를 고(高)성과 조직으로 전환할 수 있다. 연말이나 평가를 위한 임원들과 의견교환 시간이면 성과와는 관계가 없는 온정적인 이야기가 가끔 나온다. 결국 좋은 게 좋은 것이라면서 격차가 크게 나지 않는 범위에서 적당히 평가해 주기를 희망하지만, 나는 가급적 회사성과에 기여한 정도를 고려해 부문별로 차등을 두는 평가를 했다.

전남드래곤즈 성과평가

구분		2012년	2013년	2014년	2016년
프로	K리그 순위	11위 / 16개팀	10위 / 14개팀	7위 / 12개팀	5위 / 12개팀
	FA컵 성적	16강	16강	32강	8강
	선수단인원	36명	36명	33명	27명
유소년연령별국가대표		7명	8명	11명	13명
홈경기평균입장인원		3,034명	2,278명	3,365명	4,117명
언론 노출빈도		13,114건	16,398건	23,245건	35,031건

노란색 부분은 필자가 전남드래곤즈 사장 재임 시 성과 평가내용이다. 경영자의 평가는 효과성을 따지는 결과평가가 중심이 되며 조직 하부로 갈수록 효율성을 추구하는 과정평가가 병행된다. 2016년 리그 5위 성적은 2009년 이후 최고 성적이었다.

적합한 평가시스템 구축

성과평가를 잘하기 위해서는 회사 성격과 조직 규모에 맞는 평가시스템을 갖추어야 한다. 평가시스템은 남의 것이 반드시 좋은 것은 아니다. 성과평가를 잘하는 기업을 벤치마킹할 수는 있다. 그러나 무조건 따라 해서는 안 된다. 제조 혹은 서비스 등 회사 성격이나 업종에 따라 평가항목이나 항목별 가중치도 달라야 한다.

1990년대 말, 한국 대부분의 기업은 IMF 금융위기 여파에 살아남기 위해 뼈를 깎는 구조조정을 추진했다. 당시 포스코도 명예퇴직을 한 바 있으며, 명예퇴직을 한 사람 중 일부가 보험설계사가 되어 나를 찾아와서는 보험 들어주기를 요청하는 경우가 많았다. 자신은 명예퇴직으로 직장을 잃었으니 든든한 직장이 있는 사람이 도와주는 차원에서 보험에 가입해달라는 말을 거절하기가 쉽지 않았다. 그리고 보험에 가입하고 3개월 후에는 해지해도 된다는 이야기를 했다. 지금 생각해보면 당시 보험회사의 성과평가지표가 계약 건수였을 가능성이 있다는 추론을 할 수 있다.

이러한 성과평가지표가 보험을 중도해지 시 보험가입자를 화나게 한다. 보험설계사가 계약 건수로 성과급을 보험회사로부터 미리 받음으로써 가입자의 납부금 일부가 보험설계사에게 성과급으로 지급되어 중도해지할 경우 결국 가입자만 원금 일부를 손해 보는 경우가 발생한다. 그래서 가입자는 보험회사에 대해 불만과 불신이 생기게 되고, 이러한 건수 위주의 성과평가지표를 운영한 보험회사는 장기적으로는 영업에 지장을 받을 것이다.

위의 보험회사 사례처럼 회사 성격에 따라가고자 하는 전략목표가 다르므로 직원들의 성과평가지표 역시 달라질 수밖에 없다. 이 글을 읽는 독자 분들도 회사에서 요구하는 각종 지표가 회사의 성격에 따른 전략 방향과 일치를 하고 있는지를 한번 생각해볼 필요가 있다. 아울러 나를 평가하는 지표 자체도 조직의 목표와 일치하는지를 확인해볼 필요가 있다. 이러한 부분에서 불일치할 경우 조직 내부에서 불만이 발생할 수 있다. 이는 결국 직원들의 업무 의욕을 감퇴시키고 직무만족도를 떨어뜨릴 것이다.

다음은 조직규모에 따른 적정한 평가시스템을 구축하는 것에 관해 이야기하고자 한다. 조직규모에 따라서 절차를 간단히 하는 것이 좋은지 다단계로 하는 것이 좋은지도 별도로 판단해보아야 할 것이다. 작은 규모의 기업에서 너무 복잡한 절차를 거쳐 평가하게 되면 평가 자체가 아주 큰 일이 되어 시간과 비용이 낭비되는 불합리한 현상이 발생한다.

또한 평가시스템 내에 기록을 남겨 향후 활용이 가능하도록 만들어야 한다. 연말에 가서 한꺼번에 평가하다 보면 10월에 성과를 낸 것은 잘 기억이 되나 연초에 성과를 낸 것은 잘 기억이 나지 않는다. 이와 같이 평가 시점과 가까운 시점에 일어난 사건이 평가에 큰 영향을 미치게 되는 오류를 '시간적 근접오류(recency of events error)'라고 한다. 일반적으로 평가자는 현재보다는 과거 행동 및 성과에 대해 쉽게 잊어버리며 기억력의 한계에 의해 최근에 일어난 사건을 중요하게 여기는 경향이 있다. 따라서 일반적으로 가장 최근 시점의 결과를 중심으로 성과평가를 하게 되는데 이때 발생하는 것이 시간적 근접오류이다.**54** 이러한 오류를 방지하기 위해 시스템상에 등록을 해 분기별로 성과를 기록하고 이를 근거로 평가가 진행되도록 프로세스를 만들어야 한다.

평가시스템으로 측정하기 위해서는 우선 측정 기준이 필요하다. 여기서 기준이 되는 것은 그해 초에 세운 회사의 경영목표이다. 이 목표를 달성하기 위해 하부조직단위 부서들은 실행계획을 수립하게 된다. 이때 경영자는 관심을 가지고 찬찬히 살펴보아야 한다. 필요하다면 해당 임원이나 리더들과 많은 대화시간을 갖고 진정으로 실행가능하면서도 성과창출에 기여하는 방향으로 목표를 설정해야 한다. 이렇게 하면 자연스럽게 목표를 공유하고 부문 단위별로 협업하는 과제들에 대한 역할을 분담할 수 있다.

문제는 매번 실행계획 수립 시 느끼는 것이지만 토의를 하면 할수록 직급이 낮을수록 두루뭉술한 표현을 쓰고, 경영자나 직급이 높은 사람들은 세부적인 수치나 정량적인 부분을 이야기한다. 나는 정성적인 표현은 양념 같은 존재이지 명확하게 무슨 일을 하겠다는 것이 아니라고 생각한다. 최소한 부서 단위에서 수립되는 성과목표는 반드시 숫자화된 지표로 나타나야 한다고 본다. 그래서 모든 사업내용과 혁신활동을 포함해 반드시 KPI(Key Performance Indicator)로 만들어 제시토록 하고, 이를 임직원들과 공유한다. KPI는 향후 월이나 분기단위별로 실적확인과 목표미달에 대한 피드백을 같이하면서 성과향상 대책을 논의할 경우 평가기준치인 측정자 역할을 한다.

조직성과와 개인 성장의 균형

성과평가나 배분의 공정성을 이야기하기 위해서는 고려해야 할 점이 한 가지 더 있다. 조직의 성과를 극대화하는 것만이 과연 제대로 된 성과창출이냐는 것이다. 직무만족, 노동생활의 질, 자기 성장과도 같은 개인의 성과창출도 동반되어야 한다. 조직의 성과와 개인의 성장이 균형을 이루어야 한다. 단순히 임금을 받기 위해 출근하던 시대는 이미 지났다. 개인의 지속적인 희생으로 조직의 성과를 창출하는 데는 한계가 있고 지속가능한 경영도 불가능하다. 하루 대부분을 직장에서 보내고 관련된 부가적 활동이나 사회관계가 이루어지는 근로자 입장에서는 직장 자체가 개인의 삶이기에 회사는 이러한 부분에 관심을 가져야 한다. 한마디로 근로자들이 즐겁게 일할 수 있는 일터가 되어야 하며 거기에서 근로자들의 성장이 함께 도모되어야 진정한 조직성과를 얻을 수 있다.

이러한 의미에서 균형성과표(BSC: balanced scorecard)가 시사하는 바가 크다. 균형성과표는 카플란과 노톤(Kapkan & Noton)이 제시한 평가방법으로 조직의 성과를 재무적으로 판단하는 것에 더해 근로자의 학습과 성장관점 등 성과평가와 관련된 여러 가지 측면의 요소들을 정량화해 표시할 수 있는 평가방법이다. 균형성과표에서는 성과를 다음과 같이 4부분으로 나누어 평가한다.[55]

▲ **재무적 관점**: 재무적으로 성공하기 위해 우리는 주주에게 어떻게 보여야 하는가? (KPI: 투자수익률, 매출액증가율, 단위당 비용 등)

▲ **고객 관점**: 비전을 달성하기 위해 우리는 고객에게 어떻게 보여야 하는가? (KPI: 시장점
유율, 고객확보율, 고객만족도 등)

▲ **내부프로세스 관점**: 주주와 고객을 만족시키기 위해 우리는 어떤 비즈니스 프로세스에
탁월해야 하는가? (KPI: 불량률, 생산성 향상, 리드 타임 등)

▲ **학습 및 성장관점**: 주주와 고객을 만족시키기 위해 변화하고 개선하는 능력을 어떤 방
법으로 길러야 하는가? (KPI: 이직률, 교육훈련시간, 종업원만족지수 등)

균형성과표는 조직구성원들의 어떤 행동이 기업목표를 달성시킬
수 있는지를 명확히 도출하기 위해 각 관점과 측정지표 간의 인과
관계를 밝히는 과정이 된다. 예를 들어 학습과 성장관점에서 직원
의 기량이 향상되면 내부프로세스의 질이 높아져 사이클 타임이
줄어들고, 그래서 고객 관점에서 적시 배달이 되고 마지막으로 재
무관점에서 투하자본 대비 수익률이 증대된다는 것이다.[56] 나는 균
형성과표가 의미하는 내용에 착안해 회사 성과평가에 대해 많은
도움을 받았다. 1990년대에 나온 이론이지만, 지금도 상당히 영향
력 있는 이론으로 추가로 개발된 템플릿 등을 분석, 적용해보면 활
용성 측면에서 상당한 유용성이 있다는 생각이 들 것이다.

평가는 타인이 하는 것

조직 전체의 성과는 생산량, 매출액, 경제적 부가가치 혹은 조직
단위별 KPI와 같이 정량적인 수치와 비교해 성과평가를 할 수 있
다. 그러나 조직의 하부로 내려갈수록 개인의 성과를 평가할 경우

일정 부분은 조직구성원들을 지휘 감독하는 상사가 평가하게 된다. 일부는 이러한 평가를 인사고과 혹은 인사평가 시기에 동시에 하는 경우도 있다. 이러한 개인에 대한 평가는 일반적으로 실적, 능력, 태도로 나누어 평가하는데, 성과와 관련된 것은 실적평가 부분으로 보통 50% 내외의 비중을 차지한다.

개인의 실적평가는 조직단위성과에 대해 개인이 어느 정도 기여했는지에 대한 평가인데, 대부분의 사람은 앞서 언급한 '자기복무적 편향'이 있어 자신은 일을 잘했다고 관대하게 평가하는 경향이

PPL*

posco
포스코인재창조원

'16-3차 포스코그룹 신입사원 입문교육 강의에 감사드립니다.

박세연 사장님, 안녕하십니까? 리더십교육그룹 이형모 매니저입니다.
'16-3차 포스코그룹 신입사원 입문교육에 귀한 시간 내어 강의해 주셔서 감사드립니다.

사장님의 강의는 4.79점(5점 만점)으로 잘 마무리되었습니다.
주요 피드백은 다음과 같습니다.

○ 신입사원이 가져야 할 마음가짐에 대해 유쾌하게 잘 설명해주셔서 좋았다.
○ CEO가 왜 CEO인지 알수있었다. 남다른 열정과 책임의식이 있었기 때문이란 걸 알았다.
○ 알려주신 팁을 바탕으로 열심히 회사 생활 해봐야겠다는 의지가 더욱 강해졌습니다.

금번 교육에 도움 주신 점 다시 한번 감사드리며, 추가적으로 필요한 사항이나 조언이 있으시면 언제든 편하게 알려주시기 바랍니다.
감사합니다. 이형모 올림.

☎ 담당자 연락처: 이형모 Manager(032-200-0213)

2016년 9월 26일 그룹 신입사원을 대상으로 'POSCO People Brand'란 제목으로 강의한 적이 있다. 2주 정도 지나 강의평가 결과에 대한 피드백 메일이 왔다. 강의에 대한 평가는 내가 하는 것이 아니라 교육생들이 하는 것이다.

---

*Product Placement의 약자로 영화나 드라마 속에 소품으로 등장하는 상품을 일컫는 것으로 브랜드명이 보이는 상품뿐만 아니라 이미지, 명칭 등을 노출시켜 관객들에게 홍보하는 일종의 간접 광고 전략이다. 이 그림은 필자가 책 속에서 펼치는 PPL 전략의 일환이다.

있다. 그러나 평가란 남이 하는 것으로 평가하는 사람이나 평가받는 사람의 이중적인 관계로 인해 결과에 대해 모두 만족하는 경우는 드물다. 평가를 잘 받은 사람은 본인이 잘해서, 평가를 기대치보다 못 받은 사람은 상사나 다른 외부요인을 핑곗거리로 삼는다. 이러한 부정적인 영향으로 인해 평가를 '필요악(必要惡)'이라고 하는 것 같다. 한 예로 "나는 상당히 우수하다고 생각하는데, 왜 다른 부서장이나 회사에서 스카우트 제의가 오지 않는가?"라는 질문은 나에 대한 평가를 다른 부서장이나 다른 회사의 인사담당자가 한다는 사실을 놓치고 있기 때문이다.

나는 내가 리더로서 평가자 역할을 수행할 때부터 일관되게 직원들에게 평가와 관련해 나의 소신을 이야기 한 바가 있다. 어느 날 직책 보임을 받거나 리더가 되고 나서 갑자기 평가에 대한 가치관이 정립된 것이 아니라, 신입사원 시절부터 평가를 잘 받는 선배들을 관찰한 결과들이 모여서 나름대로 주관이 확립된 것으로 생각된다. 평가에 대한 이러한 나의 주관이 포스코 리더십센터장 재직 시 직원들에게 보낸 메일에 일부 남아 있었다. 아래 내용은 2009년 12월 그해 업적평가와 관련해 직원들에게 평가와 관련된 이야기를 메일로 보낸 내용이다.

누구를 평가한다는 것은 평가하는 사람이나 평가받는 사람 양쪽 모두에게 잔인한 것입니다. 그러나 한 가지 분명한 것은 평가는 타인이 하는 것이기에 이번 평가를 하는 센터장 입장에서 몇 가지 이야기를 드립니다. 첫째, 센터장을 편하게 해주는 사람이 좋은 평가를 받습니다. 직장은 일을 통해 승부를 하는 곳이지요. 조직 내에서 누가 일을 통해 센터장을 편하게 해주었는가라는 것입니다. 여러분 각자가 맡은 업무가 진척되지 않아 경영층으로부터 센터장이 질타를 받는다면, 표현은 하지 않지만 편하지 못하다는 것입니다. 부여된 업무를 해태하거나, 일정을 준수하지 못하거나, 중간보고가 없어서 매번 찾는 등의 사례는 저를 불편하게 만드는 것이겠지요. 리더는 부하를 통해서 일을 하는데, 부하로 인해 경영층에게 얼굴을 들지 못하는 일이 생기면 부하 역시 좋은 평가를 받기 어렵습니다. 여러분들은 개인적으로 직장생활을 할 수 있는 기간이 많아 앞으로 실수를 해도 몇 번의 반전기회가 있으나, 50살이 된 센터장은 한두 번 문제가 있다고 경영층으로부터 평가를 받으면 더 이상 기회가 없을 수 있습니다. 그래서 센터장을 편하게 해주는 사람이 좋은 평가를 받습니다.

둘째, 직급에 걸맞은 일을 했는가 하는 것입니다. 이제까지 추진한 업무가 내 직급에 상응한 일이었으며, 그 일의 결과가 리더십교육센터라는 조직에 기여했는가 하는 것입니다. 직급이 높다는 것은 연봉을 좀 더 많이 받는다는 것인데, 리더십교육센터 전체 인건비 대비 내가 받는 연봉 수준 정도의 창의적이고 전략적인 업무에 성과를 내었느냐는 것입니다. 이는 대단히 중요한 부분으로서 직급에 걸맞지 않은 단순반복적인 업무를 수행했다면 높은 평가를 받기는 어렵습니다. (중략) 이상입니다.

이와 같이 경영자를 편하게 해주는 리더는 좋은 평가를 받을 수 있다. 이러한 사실은 마키아벨리(Machiavelli)의 군주론을 통해서 간접적으로 확인할 수가 있다. "군주가 한 대신의 사람됨을 평가하는 데에는 아주 확실한 방법이 있다. 만약 그가 당신의 일보다 자신의 일에 마음을 더 쓰고 그의 모든 행동이 자신의 이익을 추구하기 위해서 의도된 것이라는 점이 밝혀지면, 그는 결코 좋은 대신이 될 수 없고, 당신은 결코 그를 신뢰할 수 없을 것이다. 국가를 다스리는 사람은 절대로 자신과 자신의 일이 아니라 항상 군주에 관해서 생각하고 군주의 일에만 관심을 집중해야 한다."[57]

Before

After

전남드래곤즈 사무실(사진 위)은 두 개의 모텔 사이에 있고(환경×), 창고형 단층 판넬 건물(시설×)로 축구장과 떨어진 광양시 외곽(위치×)에 있어 사무실 기능을 제대로 발휘하기 어려웠다. 2013년 말 홈구장인 광양축구전용구장 안으로 사무실 이전작업을 추진했다. 축구장 내에 적정한 공간이 없다는 이유로 어렵다는 이야기를 들었지만, 설계도를 직접 확인하고 출입통로를 변경하는 등의 조치로 아담한 사무 공간(사진 아래)을 만들었다. 직원들이 설렘을 가지고 일할 수 있는 근무환경을 만들어주는 것을 필자는 정말 기쁘게 생각한다.

17장 출근하고 싶은 회사

설렘이 있는 조직

긴 연휴나 휴가 기간이 끝나고 출근하려면 본의 아니게 회사 출근에 스트레스가 쌓인다. 단순히 주말을 지내고 월요일에 출근해도 소위 말하는 월요병에 시달린다. 쉰다는 즐거움은 사라지고 일하러 나온다는 의무감과 반복되는 일상이 시작되는 데 대해 거부감이 작용하는 것 같다. 만약 휴가나 주말에 집이나 다른 장소에서 가족과 함께한 기억보다 회사에 출근해 일어나는 일들이 더 즐겁고 행복하다면 이러한 스트레스는 받지 않을 것이다.

조직구성원들이 일에 대한 보상으로 단순히 급여나 상여금 등 금전적인 것을 받기 위해 출근한다면 조직과 구성원 모두에게 불행한 것으로 조직의 발전 가능성을 기대하기는 어렵다. 이러한 측면에서 나는 구성원이 이룬 성과에 대한 보상도 중요하지만, 직원들이 회사 일을 하는 데 있어서 동기부여가 되는 '그 무엇'이 있다면 더 나은 성과를 낼 수 있을 것이라는 생각을 자주 한 바 있다. 여기에서 '그 무엇'은 바로 '출근하고 싶은 회사'를 만드는 것이다. '출근하고 싶은 회사'를 만든다면 직원들이 회사에 즐거운 마음으로 나와서 회사 일을 자기 일처럼 보다 성의 있게 해 성과를 향상하는 선순환효과를 가져올 것이다.

출근하고 싶은 회사를 나 나름대로 정의하자면 '회사 출근에 있어 마음속에 설렘이 일어나는 것'이다. 출근하는 매일 아침이 설렘으로 가득하다면 정말 일이 잘될 것 같다. 하버드 의대 조지 베일런트(George Vaillant) 교수는 1930년대 말에 입학한 268명의 졸업생을 72년 동안 추적 조사했다. 그리고 또 다른 두 그룹의 대상자들과 비교 추적하며 조사를 했다. 그가 이들 세 그룹에게 해마다 묻는 질문이 있다. "아침에 일어날 때 가슴 설레는 일이 있습니까? 있다면 그것은 무엇입니까?" 이 한 가지 질문만으로도 많은 것을 알 수 있었다. 아침에 눈을 뜨면 설레는 일이 있는 사람은 나이와 학력과 관계없이 행복한 사람들이다.**44**

자기가 좋아하는 일이 아침에 있다면 다가오는 설렘으로 인해 밤 잠을 이루지 못하는 경우를 경험해 보았을 것이다. 초등학교 시절 소풍을 가기 전날은 내일의 즐거운 소풍에 설렘이 일어난다. 골프, 낚시 그리고 등산 등의 취미활동을 좋아하는 사람들은 내일 취미활동 약속이 있으면 그 설렘으로 인해 잠을 설치기도 하고 약속시각보다 훨씬 일찍 일어나서 온 가족을 깨우기도 한다. 설렘이 생기면 우리의 뇌는 행복한 마음으로 각성돼 몇 번이나 잠에서 깨는 모양이다.

설렘은 우리의 마음을 가라앉지 않고 들뜨게 하는 두근거리는 기분이다. 출근하는 직원들에게 이러한 설렘을 주기 위해서는 회사에서 일하는 것에 대해 동기부여가 되고 개인의 삶의 질이 향상될 수 있도록 제도와 환경을 만들어주고 조직 분위기를 가족처럼 조성해 주어야 한다. 이러한 측면에서 내가 판단하기에 조직구성원에게 중요하다고 생각되는 네 가지 사항, 즉 ▲복리후생, ▲일하는 환경개선, ▲근로시간과 휴가, ▲학습과 성장지원과 관련된 이야기를 하고자 한다.

복리후생을 통한 동기부여

직원들이 회사를 위해 열심히 일하게 되면 회사는 직원들에게 보상(compensation)을 한다. 보상은 직접적(direct) 보상과 간접적(indirect) 보상으로 구분할 수 있다. 직접적 보상은 임금, 각종 수당, 상여금 등의 급여(pay)형태로 구성이 되고, 간접적 보상은 급여 이외에 직원들에게 제공되는 복리후생 및 각종 혜택을 의미한다.

급여라는 것은 직원의 입장에서는 소득의 원천으로서 많이 받을 수록 좋지만, 근로시간, 동종업계와 균형, 기업의 지불 능력, 그리고 사회적 형평성 등을 고려해 적정수준으로 결정되는 것으로 이를 통해 직원들을 동기부여하는 것은 한계가 있다. 그러나 복리후생과 같은 부가적 급여(fringe benefit)는 회사와 직원 간의 물리적 고용관계를 벗어나 정신적 유대감을 강화하거나 사회적 구성원으로서 역할을 증대시킬 목적으로 경영자가 성과 일부를 이러한 방향으로 활용할 수 있다.

우리나라 기업들은 상호 벤치마킹을 잘해 대부분 비슷한 복리후생제도를 운용하고 있다. 중식비, 월동비, 자녀학자금, 주택자금대출, 건강진단, 경조금, 장기근속지원, 동호회 활동, 법률상담, 자기계발, 휴양시설, 체육대회 지원 등이 좋은 예이다. 회사의 규모나 업종과는 상관없이 타사에서 시행하는 좋은 제도라는 이유로 경쟁적으로 도입한 결과인데 굳이 이럴 필요는 없다. 복리후생제도는 자사 내에서 이어져온 가치체계와 문화의 틀 안에서 적용 가능한 것을 선택해야 한다. 아무리 국내 유수 기업이나 해외 선진기업의 좋은 제도를 벤치마킹해 적용해도 실제 동일한 효과를 보지 못하는 것은 기업마다 이러한 차이가 존재하기 때문이다.

나는 여기에서 우리나라에서 시행되고 있는 다양한 복리후생제도나 4대 보험과 같은 법정제도를 설명하고자 하는 것은 아니다. 복리후생제도는 회사의 규모, 업종의 특성, 지역별 근무여건 등을 고려해 실질적으로 종업원들에게 공통적으로 필요한 수혜가 돌아갈 수 있는 적합하고 효율적인 제도를 운용해야 한다는 측면에서 경영자가 착안해야 할 몇 가지 사항에 대해 이야기하고자 한다.

첫째, 급여제도를 보완하기 위한 금전지원형 복리후생제도는 최대한 억제해야 한다. 급여는 급여이고 복리후생은 복리후생일 뿐인데 이를 뒤죽박죽 운영하면 안 된다. 한번 제도화된 금전지원형 제도는 복리후생비용을 고정비화하는 경향이 있다. 돈이라는 것은 아무리 많이 주어도 동기부여에 궁극적으로는 한계가 있다. 그리고 원래의 복리후생제도 운용 취지와는 배치되는 것이다. 중식비나 월동비의 경우 물가인상률과 연동해서 매년 인상해 달라는 의견이 지속해서 나오는 것이 좋은 예이다. 복리후생은 종업원 공통관심사항 중심으로 회사에서 근무할 때 애착이 가도록 하는 제도를 운영해야 한다. 예를 들면 구내식당 식사 질을 향상하거나 사내 어린이집을 운영해 출근하는 직원들의 부담을 줄여 주는 것도 좋은 방법의 하나다.

둘째, 복리후생관련 비용은 당초 취지에 맞도록 비용을 집행해야 한다. 직원 간 친목 도모로 활기찬 조직 분위기를 조성하고 건강증진목적으로 전사 체육대회를 희망해 이를 전사적으로 추진하다 보면 근무시간과 근무지역 등 여러 가지 이유로 조직단위별 행사로 전환을 요청한다. 즉 알아서 할 테니 돈으로 달라고 한다. 그러면 결국 체육대회는 흐지부지되고 조직단위별 등산 등 취미활동이나 간담회로 변질하여 대체가 된다. 조직단위별로 회식비가 한 번 더 지급된 것이고 추후에 전사 체육대회를 안 했다는 말이 나온다. 복리후생제도 중 시대 여건이나 기업 환경 변화로 인해 본래의 목적에 부합되지 않게 운영되는 제도는 잘못된 것으로 이를 인지했을 경우 부적절한 제도를 폐지하고 실질적으로 필요한 대안을 마련해야 한다.

셋째, 제도 운영의 형평성을 잘 고려해야 한다. 한정된 복리후생 비용을 어떻게 조화롭게 나누어서 동기부여를 할 것인가에 대해 고민해야 한다. 한국사회갈등해소센터가 지난 2014년 실시한 설문 결과 우리 사회의 갈등은 계층(88.9%), 이념(87.4%), 세대(64.1%), 지역(61.5%) 순으로 심각하다고 응답했다.[45] 사회적으로도 이러한 계층별 혹은 세대별 갈등이 존재하듯이 회사 내에서도 집단 간 추구하는 바가 달라 갈등이 발생한다. 자녀장학금은 50세 전후 세대에게는 좋은 제도이나 30세 전후 세대의 경우 어느 세월에 내가 결혼해서 애를 놓고 학교를 보내 장학금 수혜를 받을지 아득하게 느껴진다. 반면 주택자금의 경우 30대는 대부금액 증액을 역설하지만 이미 집을 가지고 있는 50대의 시선에서는 별로 달갑지 않다. 평균 근속연령을 고려해 어느 분야에 어느 정도 규모의 비용을 지출할지 최대공약수를 결정해야 한다.

넷째, 이왕 해줄 것 같으면 회사가 주도적으로 조치를 취해주어야 하고, 동기부여가 빈약한 제도는 운영하지 말아야 한다. 다른 회사의 사례도 중요하지만 자사 특성에 적합한 내용으로 필요한 것을 발굴해서 해주는 것이 중요하다. 개인적인 관점에서 내가 권장하지 않는 유형의 후생지원제도 중 하나가 상가용품 지원이다. 상가에 문상을 가면 상주 중 한 분이 근무하는 회사 로고가 인쇄된 일회용 종이컵이 놓여 있다. 형제가 많은 경우 여러 회사의 종이컵이 경쟁적으로 놓여 있다. 직원들의 자긍심을 고취한다는 명분으로 근로자의 요청에 의해 조처된 것이라 추측이 되지만 상가에서까지 상주의 자긍심을 고취하는 것이 맞는 것인지 늘 되묻고 싶은 내용이다.

일하는 근무환경 개선

출근은 '일터로 근무하러 나감'이라고 사전적으로 해석되고 있다. 그래서 사람들은 보통 출근을 할 때 자신의 일터, 즉 일하는 장소를 머릿속에서 자연스럽게 연상하게 된다. 출근에 있어서 설렘이 있으려면 일터의 환경여건이 좋아야 한다. 출근하는 사무실이 구질구질하게 느껴지거나 현장이 정리정돈되어 있지 않아 지저분하다는 생각이 들면 출근 시 설렘은 고사하고 기분이 별로 좋지 않다. 출근하고 싶은 회사를 만들기 위한 두 번째 고려사항으로는 집과 같이 안락한 근무여건을 만들어 주는 것이다. 깨끗한 환경에서 첨단장비와 수준 있는 대화가 오가는 직장이라면 상상만 해도 즐거울 것이다.

쓰레기 속에서 장미가 피는 경우는 아주 드물다. 사람들은 머무는 공간에 영향을 받고 생각과 행동에 영향을 받는다. 좋은 호텔에 묵으면 마음까지 평온해지고 없던 여유가 생기는 것과 같은 이치이다. 하루 중 가장 많은 시간을 직장에서 보내는 직장인들에게 사무실은 창의적 사고를 하는 데 있어 중요한 공간이다. 구글(Google), 페이스북(Facebook) 애플(Apple)과 같은 미국의 초일류 IT 기업들은 이런 사실을 알고 일찍부터 인테리어에 공을 들였다고 한다. 구글은 회사를 '캠퍼스(campus)'라고 부르고 있다. 직원들이 행복해야 업무 효율성이 올라간다는 구글의 철학이 적극 반영된 구글 캠퍼스는 놀이터와 같은 거대 놀이 공간의 모습을 하고 있는 것으로 유명하다.

나는 이러한 사상에 적극 동의하는 편이어서 내가 가는 회사마다 스마트하게 일할 수 있도록 사무공간이나 일하는 환경을 개선해주었다. 2012년 3월 승주컨트리클럽 직원 사무실을 처음 방문했는데 이른 봄이지만 날씨가 쌀쌀하게 느껴졌다. 사무실 안에는 경리나 예약전화를 담당하는 여직원 몇 명이 근무하고 있었다. 그런데 모두 담요를 무릎에 두르고 손을 호호 불면서 일하고 있었다. 실내 기온이 섭씨 10도 이하로 쌀쌀하게 느껴지는 날씨인데 건물 준공 시 설치한 창틀이 20년 넘게 오래된 것이어서 바람이 들어와 실내 보온이 되지 않았다. 이러한 환경이라면 설렘은 고사하고 출근하기가 두려웠을 수도 있다는 생각이 들었다. 다음날 사무실 리모델링 작업추진을 지시했으며 가급적 조속한 시일 내에 준공해 사용할 수 있도록 했다.

2014년 10월 전남드래곤즈에서 일을 할 때 프로축구연맹에서 나에게 그림 파일을 비서 메일에 첨부 파일로 보냈다는 연락이 왔다. 비서에게 인쇄하라고 말한 지 10여 분이 경과해도 인쇄물을 가져오지 않았다. 메일이 전송되지 않아서 그러한지 궁금해서 확인을 해보니 컴퓨터가 5년이 넘어 그림 파일을 다운로드하는 데 시간이 걸린다는 것이었다. 스포츠도 장비가 좋아야 이길 확률이 높다는데 하물며 노동생산성을 따지는 회사에서 이렇게 오래된 장비로 일을 한다는 것이 나로서는 이해가 되지 않았다. 그날 이후 회사 내 스마트 기기 현황을 전수조사한 후 데스크톱 혹은 노트북 등 용도에 따른 적합한 최신기기를 마련해 준 기억이 있다.

나는 내가 근무하는 회사 내 화장실이 위생적으로 관리되도록 무척 관심을 기울였다. 작은 것이지만 일단 비데가 설치되지 않은 곳에는 비데를 설치토록 했다. 그리고 화장실 내에 비치되어 지저분함과 악취의 원인이 되는 휴지통을 모두 제거하도록 했다. 승주 컨트리클럽에서는 초창기 휴지통 제거 후 사용자 부주의로 변기가 자주 막히는 소동이 있었지만 진정한 선진 위생문화 정착을 통해 안락한 근무환경과 서비스 개선 차원임을 이해시키고자 노력을 기울였다.

근무환경과 관련해 인간은 사회적 동물임을 고려해 함께 근무하면서 원활한 소통이 이루어질 수 있도록 공간을 구성해주었다. 매일 혼자 근무한다는 생각으로 출근한다면 너무 외로울 것이다. 설렘은 고사하고 출근하고 싶지 않은 회사가 될 수도 있다. 승주컨트리클럽의 경우 직원들이 출근 후 바로 각자 근무지로 가서 일을 해 직원 간 인적유대관계나 소통기회가 자주 없어 보였다. 기계담당자는 기계실 옆에 사무실을 두고 전기담당자는 지하 피트에서 개별적으로 근무한다. 나는 개별근무지를 전부 폐쇄하고 공동사무실을 구성해 모두 한곳에 출근을 해 근무를 하고 순회하면서 점검하는 방식으로 근무형태를 전환했다.

또한 포스메이트 시설운영 부서의 경우 각 시설이나 설비별로 분산된 단독근무개소를 없애고 모니터링 및 통신 관련 설비를 첨단장비로 중앙 집중화해 공동근무지에서 함께 근무할 수 있도록 했다. 단독근무개소에서 혼자 일하는 부담을 줄여주고 근무시간 중에 동료와 소통도 가능하고 인적 유대감을 느낄 수 있도록 했다.

일과 삶의 균형: 워라밸

우리나라 근로자의 연간 근로시간은 2016년 기준 2,052시간으로

OECD국가 중 2위를 차지할 정도로 장시간 노동에 노출되어 있다. 이는 OECD 평균 1,707보다 월등히 높은 시간이며 멕시코 2,348시간보다 적고, 독일 1,298시간, 프랑스 1,383시간보다 두 배 정도 많은 근로시간이다. 장시간 노동은 높은 자살률, 최하위권인 국민 행복지수와 낮은 노동 생산성, 산업재해 등의 주요 요인으로 지적됐다.[46] 야근을 밥 먹듯 일삼는 '프로야근러', 휴가도 마음 놓고 떠나기 어려울 정도로 쉼을 포기한 '쉼포족' 등 바쁘고 고달픈 근로자들의 현실을 자조하는 표현이 범람하는 시대에 살고 있다.

고용노동부는 OECD 최장 수준인 근로시간을 단축하고, 무제한 연장근로가 가능한 특례업종을 대폭 축소함으로써 장시간 노동을 개선하고 일반 근로자도 공무원과 동일한 휴식권을 보장하기 위해 2018년 7월부터 주 52시간 근무제를 도입했다. 주 52시간 근무제는 근로자에게 '일과 삶의 균형'인 '워라밸'을 가능하게 하고 '노동생산성을 제고'할 것이라는 기대를 받고 있다.

워라밸은 'Work and Life Balance'에서 온 용어로 매우 오래된 개념이다. 1970년대 말 영국에서 개인의 업무와 사생활 간의 균형을 묘사하는 단어로 처음 등장했으며, 미국에서는 1986년부터 사용되었다. 정부에게는 인구정책 대안으로, 기업에게는 경쟁우위 확보 방안으로, 개인에게는 삶의 질 제고 방안으로 활용될 수 있어 국가·기업·개인 모두가 상생할 수 있는 전략으로 인식되었다. 워라밸은 일과 그 이외의 영역, 특히 가정생활에 에너지와 시간을 적절히 배분해 삶을 스스로 통제하고 조절해 만족스러운 상태를 가지는 것이라 정의할 수 있다.[47]

고용노동부에서도 2017년 7월 워라밸의 제고를 위해 '일·가정 양립과 업무 생산성 향상을 위한 근무혁신 10대 제안'을 발간했다. 책자에는 ▲정시 퇴근 ▲퇴근 후 업무 연락 자제 ▲업무집중도 향상 ▲똑똑한 회의 ▲명확한 업무지시 ▲유연한 근무 ▲똑똑한 보고 ▲건전한 회식문화 ▲연가사용 활성화 ▲관리자부터 실천 등 10가지 개선 방침이 수록되어 있다.[48] 이를 한마디로 요약하면 근무시간 중에 제대로 일하고 쉴 때는 쉬자는 뜻이다. 생산성도 높이고 마음대로 휴식을 취하기 위해서는 경영자와 직원들이 동시에 생각해보아야 할 세 가지 관점, 적정근로시간, 일에 대한 몰입, 그리고 개인 사생활 존중이 필요하다.

1. 적정근로시간

근로자 개인이 '워라밸'을 달성하기 위해서는 근로시간이 정해져 있어야 한다. 출근시간도 중요하지만, 퇴근을 정해진 시간에 할 수 있도록 해 퇴근 이후의 생활이 보호되어야 한다. 언제 야근이 발생할지 모르는 상황이라면 퇴근 이후 개인적인 생활을 영위할 수 없다는 것은 자명한 사실이다. 퇴근 후 개인의 건강관리를 위한 운동이나 어학능력향상을 위해 영어학원이라도 가기 위해서는 퇴근 시간이 규칙적이라야 한다.

2017년 3월 포스메이트 대표이사 부임 후 첫 운영회의를 하기 하루 전날이었다. 퇴근길에 보니 운영회의 관련 부서 직원들이 회의 준비를 위해서 야근을 하고 있었다. 다음 날 운영회의 마지막에 "왜 운영회의 준비를 위해 야근이 발생하며, 야근을 없애는 방법은 없습니까?"라고 질문을 했다. 운영회의 담당 그룹장이 "운영회의가 오전 8시 30분에 시작되는데 수도권은 출근 시간이 1시간 이상 걸려서 전날 준비를 마치고 퇴근하지 않으면 다음 날 아침 일찍 준비하기가 어렵습니다."라는 답변을 했다. 추가적인 질의·응답 가운데, 포항이나 광양에서 회의에 참석하는 그룹장과 임원들은 전날 서울에 와서 1박을 하고 회의 후 내려간다는 내용도 파악되었다. 나는 2시간 회의를 위해 다수의 인원이 회의준비를 위한 야근을 하고 회의 참석자들이 출장을 와야 하는 시간 낭비와 번거로움이 있다고 판단해, 회의 시간을 오후 2시로 변경해 회의 주관부서 야근도 없애고 지방에서 서울로 회의에 참석하는 사람들이 당일 출장이 가능하도록 했다.

또한 매주 월요일 아침 임원회의 시간도 8시 30분에서 10시로 조정해 임원회의와 관계된 직원들이 금요일 저녁 야근을 하거나 일요일 오후에 출근하는 것을 방지하도록 했다. 환경이 바뀌고 사회 조류가 변해도 수년 동안 진행되어온 '회의는 아침에'라는 고정관념을 버리지 못해 일어난 현상이고 이러한 문제를 제기하지 못한 구성원 모두의 자업자득이었다. 일과 삶의 균형을 중시하는 조직 분위기는 직위가 높은 순으로 솔선수범적으로 이끌어 나가야 한다.

2. 일에 대한 몰입

일에 몰입하는 것은 근로자 개인의 몫이라 할 수 있지만, 회사가 여러 가지 측면에서 환경을 조성해주는 것이 보다 효과적이다. 칙센트미하이(Csikszentmihalyi)에 따르면 몰입(flow)은 '무언가에 흠뻑

빠져 있는 심리적 상태'를 의미하고, 현재 하고 있는 일에 심취한 무아지경의 상태라고 정의한다. 몰입하는 경우 시간이 가는 줄 모르는 시간 왜곡 현상을 겪는다. 나도 글을 쓰는 경우 밥 먹는 것을 잊어버리고 작업에 몰두한 경험이 여러 번 있다.

2000년대 초반까지만 해도 습관성 야근이 당연한 것으로 여겨지던 시절이 있었다. 정시에 퇴근을 해봐야 교통도 혼잡하고 야근을 핑계 삼아 저녁도 해결하고 근무시간에 해결하지 못한 몇 가지 잔업을 처리한 후 9시 뉴스 보고 퇴근하는 것을 습관성 야근이라 한다. 그런데 이러한 습관성 야근이 주는 문제점은 근무시간 중의 업무밀도가 낮다는 것이다. 저녁에 남아서 처리하겠다는 생각이 마음속에 있어 주간에 일에 대해 몰입하지 않는다는 것이다. 매일 하루 대부분을 회사에서 보낸 것 같은데 실은 일을 제대로 하는 경우가 없다. 조립라인에 있는 근로자들은 프로세스로 인해 한눈을 팔 수 없으나 그 외의 사람들은 일에 대한 집중할 수 있는 환경을 만들어주는 것이 중요하다.

몰입을 높이기 위한 나의 관점은 첫째, 부여된 일에 대해 내재적으로 동기부여가 되도록 해야 한다는 것이다. 동기부여가 된 사람들은 외부적 보상보다 일 그 자체를 위해 열심히 끈기 있게 일한다. 둘째, 목표를 두거나 일정관리를 철저히 해야 한다. 학교에서 시험 준비를 한 달 내내 하는 것보다 시험 3일 전에 공부한 것이 더 기억이 잘 나는 것은 목표 일정에 따른 몰입의 차이라는 것을 우리 모두 경험한 바 있을 것이다. 셋째, 몰입할 수 있는 업무환경을 조성해 주어야 한다. 직급에 따른 업무와 난이도, 적정 사무환경구축, 생산성과 무관한 잡일 줄이기 등에 관심을 가져야 한다.

3. 개인 사생활 존중

2018년 직장인들은 개인의 개성과 자율을 존중하는 개인주의 문화가 증가했다고 느끼고 있었다. 구인구직 매칭플랫폼 '사람인'이 직장인 901명을 대상으로 '사내 개인주의문화'를 주제로 조사한 결과, 82.5%가 '증가했다'고 답했다. 그렇다면 직장인들이 생각하는 개인주의문화의 장점은 무엇일까? '사생활 및 개인 성향을 존중' (66%, 복수응답)이라는 의견이 단연 1위였다. 이어 '불필요한 잡무나 모임에서 해방'(53.5%), '개인의 업무 역할 부여로 책임소재가 명확'(29.9%), '개인의 역량과 창의성이 확대'(14.1%), '일에 대한 몰입으로 성과 창출이 증대'(12.8%) 등이었다.**49**

회사 내에는 다양한 연령계층이 있어 서로가 생각하는 관점이 많이 다를 수가 있다. 요사이 젊은 사람들은 집안 사정을 너무 상세히 묻거나 개인 연애사를 공유하기 원하지 않는다. 나이가 든 사람인 경우 자녀가 좋은 학교에 입학했는지, 취업했는지, 결혼을 했는지에 대해 묻는 것도 어느 정도 금기사항이다. 개인의 사생활과 관련된 이야기는 좋은 일이거나 동료에게 알려야 할 일인 경우 본인의 입을 통해서 전해지게 되어 있다. 굳이 알려고 할 필요가 없다.

나는 내가 경영자로 일하는 동안 모든 임직원의 연차휴가 사유는 적지 않도록 했다. 오래전 기억을 되살려보면 연휴 기간이나 휴가 기간에 직원 개인별 행선지를 기록하는 제도가 있었다. 당시에는 유선전화나 호출기에 의존하던 시대였기에 이러한 제도가 필요에 의해 운영이 되었다. 그러나 현재는 직장인 개인이 스마트 기기를 휴대하고 다니기에 24시간 연결이 가능한 시대에 살고 있다. 해외로 휴가를 가는 이야기도 본인이 동료들에게 스마트폰으로 정보를 전달한다. 스마트 기기로 초 연결사회에서 사는 환경에서 아직 유선전화 시대처럼 사고하는 것은 적합하지 않다는 생각이다.

학습과 성장

회사에서 열심히 일도 하지만 일하는 가운데 개인의 학습과 성장이 이루어진다면 정말 출근하고 싶은 회사가 될 것이다. 인간이 사회적 동물(social animal)이라는 것은 개인이 끊임없이 타인과의 관계하에 존재하며 사회생활을 통해 끊임없는 학습과 성장이 일어나는 측면이 있어서이다. 회사라는 조직은 하나의 학습의 장이다.

우리는 회사에 다님으로써 우리가 일상으로 사용하는 컴퓨터나 소프트웨어 등 첨단 기기의 활용법에 대해 자연스럽게 접근할 수 있다. 만약 개인이 일일이 기기를 구매해 사용법을 익히기 위해서는 상응한 비용을 별도로 내야 한다. 또한 일을 수행하는 과정에서 얻는 정보나 지식을 개인이 별도로 공부한다고 치면 상당히 많은 시간과 비용을 투자해야 한다. 아울러 회사라는 조직에서 사회생활을 하게 되면 선배나 동료들을 통해서도 배우는 것도 많다. 사회생활과정에서 많은 것을 학습하고 배운다는 것은 현역에서 은퇴하고 나면 현저히 느낄 수가 있다.

포스코에서는 그룹사 임원과 그룹장 1천여 명을 대상으로 매주 셋째 주 토요일 오전에 토요학습을 한다. 토요학습은 2005년부터 운영되어왔으며 경영환경, 비즈니스 추세, 문리 통섭, 역사 등의 분야에서 저명인사를 초청해서 강의를 듣고 있다. 나 역시 토요학습에 13년간 참석을 했지만 그동안 학습한 지식이 엄청나다는 것을 알고 있다. 일단 토요학습에서 들은 강의내용을 가지고 어떠한 모임에 가서라도 최신 트렌드를 이해하고 대화를 나눌 수가 있다. 토요학습에서 듣는 정보의 양도 많고 그 질 또한 상당히 높다는 것이다. 사실 개인적으로 이러한 강사진을 만난다는 자체가 어려운 경우도 있다. 만약 이렇게 회사주도로 학습이 이루어지지 않고 개인이 이를 배우러 다니기에는 정말 시간이나 여건이 쉽지가 않다. 그래서 회사가 임직원의 성장을 위해 푸시(push) 전략에 의한 학습이 이루어지도록 하는 것이다. 나는 항상 후배들에게 이런 이야기를 한다. "회사에서 교육에 참석하라고 독려를 할 때가 가장 좋은 시절이다. 나중에는 불러주지도 않는다. 불러줄 때 열심히 참석하라."라고 말이다.

지속적으로 학습해 개인을 성장시키는 것은 미래를 위해 보험을 든다고 생각하면 된다. 사우디아라비아 석유광물자원장관인 아메드 자키 야마니(Ahmed Zaki Yamani)가 자국을 포함한 산유국에 경각심을 주기 위해 "석기시대가 끝난 것은 돌이 다 떨어져서가 아니다."라고 말한 적이 있다. 개인이든 기업이든 경쟁력이 약화되거나 변화에 적응하지 못하면 도태된다는 것은 자명한 논리이다. 일반적으로 2~3년 단위로 자신의 이력서에 넣을 만큼 새롭게 시작한 학습이 없다면 한 번 정도는 생각을 해보아야 한다. 개인의 학습을 회사가 적극적으로 유도하기 위해 포스메이트에서는 업무와 관련해 직원이 자격증을 새로 취득하면 '자격증 보상'을 제도적으로 운영하고 있다. 이와 더불어 평균수명이 늘어남에 따라 은퇴 후에도 지속적인 직업 활동을 할 수 있도록 개인의 학습과 성장을 지원하고 있다.

학습과 관련해 독서 이야기를 빼놓을 수 없다. 직장생활을 하는 성인의 경우 일반적으로 업무와 관련된 지식을 습득하기 위해 개인별로 책을 많이 읽는다. 이런 경우는 전쟁을 위해 총을 준비하는 것과 같다. 현직을 수행하기 위해서 누구든지 반드시 읽어야 하는 '필요조건의 독서'에 해당한다. 이런 독서는 최소한의 독서로서 이것마저도 하지 않는다면 물러날 시기를 본인 스스로 앞당기는 결과를 초래한다. 이와 더불어 패러다임 변화에 따른 추가적인 소양을 넓히고 통찰력을 높이기 위한 공부가 '충분조건의 독서'라고 말하고 싶다. 나는 광범위한 학습을 위해 충분조건의 독서를 임직원들에게 항상 강조해 왔으며 경우에 따라서는 주기적인 독서토론회를 하거나 읽을 만한 책을 지속해서 추천했다.

괴테(Goethe)가 말하기를 "가장 유능한 사람은 가장 배우기에 힘쓰는 사람이다."라고 했다. 혹자는 이야기하기를 "운이란 것은 실력이 동반되어야 한다."고 한다. '운이 좋아서'라고 겸손하게 이야기하는 대부분의 사람들은 끊임없이 자기 자신의 지식을 늘리고 학습에 정진해왔다는 것을 알아야 한다.

포레카 사장 재임 시 자율, 창의, 소통 등 긍정적 조직문화를 조
성하기 위해 게릴라 미팅을 한 달에 한 번 했다. 영화, 야구, 뮤지
컬 등 직원들이 좋아하는 분야를 골라 한 달 전에 공지하고 자율
참여토록 했다. 2011년 7월 29일 왕십리CGV에서 게릴라 미팅
을 했는데 필자를 포함해 30명이 참석했다.

18장 긍정적 조직문화형성

조직문화와 성과

조직문화는 '조직구성원이 공유하는 의미체계로서 다른 조직과 구별되게 하는 것'으로 일반적으로 정의한다. 이러한 조직문화를 결정하는 주요 구성요소로는 파스칼(Pascal)의 7S가 널리 알려져 있다. 공유가치(shared value), 전략(strategy), 조직구조(structure), 제도(system), 구성원(staff), 관리기술(skill), 리더십 스타일(style)이다.[58] 7가지 구성요소 중 조직문화는 다섯 번째 요소인 '구성원'의 행동을 통해 실제로 표출되게 된다.

조직구성원의 행동에서 나타난 조직문화가 긍정적일수록 조직성과가 높다는 것은 널리 알려진 사실이다. 또한 회사나 조직을 운영한 성과의 한 측면으로 조직구성원에게 긍정적 조직문화가 형성되어야 한다. 성과와 조직문화는 닭과 달걀과 같이 무엇이 우선인지를 구분하기가 어려울 정도로 상관관계가 있다. 나 역시 긍정적인 태도를 가지고 열심히 일하는 동료와 같이 일하면 자극을 받아서 더 열심히 최선을 다하게 되고, 맥이 빠진 분위기로 일하고자 하는 동기를 저하하는 팀에서 일하면 성과가 나지 않는다는 것을 경험한 바가 있다.

모든 구성원이 무엇이 중요하거나 얼마나 일이 잘되고 있는지에 대해서 동일한 감정을 공유한다면 이러한 긍정적 태도의 효과는 개인의 부분적 합보다 더 큰 효과가 있을 것이다. 수십 가지의 서로 다른 표본을 사용한 메타분석(meta analysis)*에 의하면 심리적인 분위기가 개인 수준에서의 직무만족, 참여도, 몰입도, 동기부여와 강한 관련을 갖는다.[59] 마찬가지로 긍정적인 조직문화와 같은 분위기는 보다 더 높은 고객 만족과 재무적 성과로 이어져 왔다.

이러한 조직문화는 학습이 된다. 문화는 여러 가지 형태를 통해 직원들에게 전달이 되는데 가장 영향력이 있는 형태로는 이야기, 의식, 물질적 상징, 언어가 있다. 예를 들면 이야기는 창업자 이야기, 기업 확장 이야기, 큰 사건이나 사고에 대처한 이야기로 소위 '왕년에…'라고 시작되는 이야기이다. 의식이라는 것은 반복적인 행위의 연속으로 창립기념일 행사에서 매년 사가(社歌)를 제창하는 것이 좋은 예이다. 물질적 상징은 본사 건물의 위용, 사무실 칸막이나 복장 등에서 나타나며 언어는 각 회사나 조직 내부에서 쓰이는 약자나 특수용어 등 고유한 언어가 조직 고유의 문화를 나타낸다.

---

* 동일하거나 유사한 연구 주제로 실시된 많은 통계적 연구를 다시 통계적으로 통합하고 종합하는 문헌연구의 한 방법.

CEO가 조직문화에 끼치는 영향

조직문화를 형성하는 데 있어서 경영자의 영향은 절대적이다. 특히 창업자의 경험과 퍼스낼리티(personality) 특성이 그 기업의 조직문화에 절대적인 영향을 미치게 된다. 창업자의 특성이 선발기준에 영향을 미쳐 이 철학에 동조하는 사람을 고용하게 되고, 이러한 사람들이 기업에서 용인되는 가치와 행동에 관한 보편적인 조직문화를 형성한다.[60] 삼성의 이병철 회장, 현대의 정주영 회장, 포스코의 박태준 회장이 창업주로서 조직문화에 미친 영향은 거의 절대적이며 각 기업 내부적으로 이러한 문화가 전 임직원에게 학습되고 전달될 것이다.

전술한 조직문화 학습 형태에서 '이야기'와 '언어'를 언급한 바 있는데, 이야기와 언어는 말의 형태로 전달되기에 경영자가 하는 말은 기업 내에서 상당한 파급효과를 가진다. 대부분의 회사에서는 경영자의 말을 모아 놓은 'CEO 어록'을 중요시한다. 차원 높은 전략적인 사항부터 일상적인 일에 이르기까지 CEO는 이러한 의중을 서면이 아닌 말로써 표현한다. 그래서 말이 중요하다는 것이다. CEO로서 내가 하는 말이 왜 중요한지를 경영자가 해야 하는 역할 관점에서 몇 가지 이야기하고자 한다.

첫째, 말이란 조직 내부에서 의사소통 수단이다. 포레카와 같이 새로 신설된 회사의 경우 창업자로서 경영자의 말은 더욱더 중요하다. 지금까지 해오던 업무방식이 없는 상태에서 내가 한번 내뱉은 말 한마디는 모든 것을 결정하는 기준이 되기 때문이다. 이러한 말들 가운데 중복되는 단어들은 소위 '경영철학'이 되고, 향후 조직문화의 근간이 되기도 한다. 경영자의 말을 정확히 듣지 못하거나 전달이 제대로 되지 않는 경우 회사에 여러모로 영향을 주곤 한다. 사소한 오해와 실수, 재작업, 고객 불만, 매출감소 등 비용증가나 이익감소를 초래하는 근본 원인이 될 수 있다.

둘째, 경영자는 조직을 대표하는 대변인으로서 외부와 소통하는 역할을 한다. 기업이 IR(investor relations)이나 PR(public relations) 활동을 하는 최전방에는 바로 해당 기업의 CEO가 있다. 기업의 수장인 CEO는 이해관계자에게 필요한 정보를 말을 통해서 전달한다. 조직의 대변자 역할을 하는 사람은 CEO만이 아니다. 각 조직의 리더도 이러한 생각을 가지고 회사의 대변자 역할을 다해야 한다. 나는 항상 내가 일하고 있는 회사에 대해 전략 방향이나 주요과업에 대해 3분이나 30초 정도 이야기할 주제를 요약해 항시 머릿속에 담아두고 있다. 만약 우연히 엘리베이터를 탔을 때 윗분이 "요새 어때?"라고 질문을 한다면 "그저 그렇습니다."라고 답변하고 나서 나중에 후회하지 않기 위해서다. 중요한 이해관계자와 엘리베이터에 함께 있는 30초 동안 공감대를 형성할 수 있는 몇 가지 정보를 항시 준비해 놓는 자세가 중요하다. 이렇게 준비된 태도는 이해관계자에게 강한 자신감과 높은 신뢰성으로 나타난다.

셋째, 말이란 비즈니스, 즉 사업과 관련된 마케팅 차원의 수단이다. 구매나 공급선상에 있는 모든 이해관계자는 물론 기업운영과 관련된 다양한 사람들과 비즈니스 차원에서 말을 나누어야 한다. 어떤 경우에는 장래가 담보되지 않도록 피해 나가는 언변도 필요하고, 거절할 때는 과감하게 '아니요'라는 말이 나와도 이상하지 않을 만큼의 분위기를 연출하는 것이 중요하다. CEO 부임 초기에 괜찮은 사람이라는 평을 듣겠다는 생각으로 대외적으로 긍정적인 말을 너무 많이 하다가는 종국적으로는 본인이 더 어려운 상황에 부닥치게 될 수도 있다. 나는 여러 회사의 경영자로 재임하면서 주변으로부터 들어오는 다양한 청탁을 경험했다. 당시 이러한 청탁이 들어오면 "고민해보겠다."라고 유보적으로 답변한 후, 사안을 정밀히 살펴 상대의 감정을 상하게 않도록 수락이 어려운 여건을 정중하게 설명했다. 청탁을 받은 경우 적합하지 않은 청탁의 거절도 중요하지만, 청탁한 사람이 나와 회사에 대해 적대감을 느끼지 않도록 하는 것이 더욱 더 중요하다.

자발적 협력행동

긍정적 조직문화 중 하나로서 수년간 경영을 하면서 지속해서 느껴온 사실은 조직구성원들이 자발적으로 조직에 협력하는 행동을 한다는 사실이다. 포스메이트의 경우 회사나 공장에 불이 나면 구성원들은 자발적으로 출근해 진화작업을 돕거나 조직의 안위를 걱정하며 조직에 기여하는 행동을 한다. 승주컨트리클럽에서는 눈이 많이 오거나 태풍 등의 기상이 악화되는 경우 구성원들은 본연의 과업이 아니더라도 고객을 맞이하기 위해 협업을 통해 눈을 치우고, 산사태 등 풍수해 대비를 위한 비상근무를 자청하는 등의 이타적인 행동을 취한다.

이와 같이 회사가 의도하지 않았으며, 상사의 지시가 없고, 시간 외 수당을 지급한다는 보장이 없어도 집단 환경 속에서 일하는 조직구성원들은 역할 외 활동(extra-role)을 스스로 자처하고 협력을 통해 집단성과에 기여를 한다. 자발적으로 협력하는 조직문화가 형성될 때 조직의 성과는 물론 전체적인 조직 분위기도 좋아져서 조직 내 여러 가지 순기능이 발생하게 된다. 나는 어떠한 요인들이 그와 같은 자발적 협력(voluntary cooperation)을 이끌어내는지 항상 궁금해왔으며 이에 대해 연구를 추진해보았다.[61]

먼저 자발적 협력행동으로 가장 대표되는 행동은 '조직시민행동 (OCB: organizational citizenship behavior)'이다. 조직시민행동은 조직에서 의무화된 규정범위 이상을 행하거나 직무상 요구되는 역할 외 행동을 통해 보상이 주어지지 않아도 조직성과를 증진하려는 추가적인 행동이다. 조직시민행동은 이타적인 도움을 주는 행위, 타인 배려, 정보 전달 등 조직 내에 다른 동료구성원을 돕는 '개인대상 조직시민행동(OCBI: organizational citizenship behavior for individual)'과 규정준수, 질서유지, 회사재산보호 등 조직에게 직접 이익이 되는 '조직직대상 조직시민행동(OCBO: organizational citizenship behavior for organization)'과 같이 두 가지 하위요인으로 구분된다.

조직구성원들의 자발적인 협력행동은 조직을 위한 '혁신행동' 및 '추가적 노력(extra-effort)'으로도 나타나는데 혁신행동은 '새로운 아이디어를 채택하고 확산하며 실천하는 행동'으로 정의되며, 추가적 노력은 조직을 위해 정상이상의 노력을 기울이는 것으로 학문적으로는 '동기부여를 정상수준 이상으로 높이고자 하는 마음'으로 정의된다.

조직구성원의 자발적 협력행동으로서 조직시민행동, 혁신행동, 추가적 노력을 이끌어내는 이론적 근거로 사회교환이론(social exchange theory)과 사회정체성이론(social identity theory)을 도입해, 여기에 영향을 미치는 선행변수들과의 관계를 하나의 통합모형으로 설계해 실증 분석함으로써 종업원들의 자발적 협력행동을 체계적으로 이해하고자 했다. 특히 조직지원인식(POS: perceived organizational support)과 리더-부하교환관계(LMX: leader-member exchange)는 사회적 교환관계 지각을 통해 자발적 협력행동에 유의한 영향을 미치고, 자부심(pride)과 존중감(respect)의 지각은 조직동일시(organizational identification)를 통해 자발적 협력행동에 유의한 영향을 미칠 것으로 가정했다.

▲ **조직지원인식**: 조직이 구성원들의 공헌에 대한 관심과 믿음을 가지는지 구성원에 대한 조직의 몰입(예시: 회사는 나의 복지에 진정으로 관심이 있다.)

▲ **리더-부하교환관계**: 구성원들이 지각한 자신과 리더 간 교환관계의 질의 정도(예시: 상사는 내가 어떠한 문제와 욕구를 지니고 있는지 이해하고 있다.)

▲ **자부심**: 자신이 속한 조직의 위상에 대한 평가(예시: 나는 내가 우리 회사 소속이라는 점을 다른 사람에게 말할 때 자부심을 느낀다.)

▲ **존중감**: 조직 내에서 자신의 위상에 대한 지각(예시: 동료와 상사는 나를 집단의 일원으로 가치 있게 생각한다.)

▲ **사회적 교환관계**: 다른 사람이 실제로 주거나 줄 것으로 기대되는 대가로 인해 유발되는 개인의 자발적인 행동(예시: 언젠가는 회사로부터 보상받으리라는 것을 알고 있어서 현재의 일이 힘들어도 상관없다.)

▲ **조직동일시**: 특정 집단에 대한 소속감 또는 하나 됨(oneness)의 인지(예시: 누군가 우리 회사를 비난하면 꼭 개인적인 모욕처럼 느껴진다.)

이상과 같이 자발적 협력행동에 영향을 미치는 변수들을 기초로 해 전남과 경북지역에 소재한 기업체 정규직원 500명을 대상으로 설문조사를 한 후, 성실히 응답해준 445명을 분석한 결과 다음과 같은 결과를 얻었다.

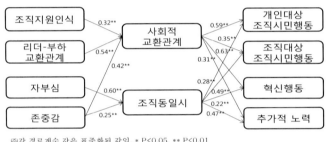

㈜각 경로계수 값은 표준화된 값임. * P<0.05, ** P<0.01

구성원들이 왜 조직에 자발적 협력행동(조직시민행동, 혁신행동, 추가적 노력)을 하는지, 그에 영향을 미치는 선행변수와의 인과관계 분석결과를 그림으로 나타낸 것이다.

첫째, 사회적 교환관계에 유의적인 영향을 미치는 두 변수의 표준화된 경로계수 값은 조직지원인식 0.32 대비 리더-부하 교환관계가 0.54로 더 크게 나타났다. 이는 조직구성원이 사회적 교환관계를 지각하는 과정에서 조직 리더인 상사로부터 더 큰 영향을 받는 것을 의미하므로 조직구성원에게 동기부여하기 위해 상사의 역할이 중요하다는 것을 알 수 있다.

둘째, 조직동일시에 유의적인 영향을 미치는 두 변수의 표준화된 경로계수 값은 자부심이 0.60으로 존중감 0.25 대비 상당히 높은 영향력을 미치고 있는 것으로 나타났다. 이와 같은 결과는 조직동일시의 경우 긍정적인 평판을 얻고 있는 회사에 다닌다는 조직구성원으로서의 자부심이 조직 내에서 자신을 어떻게 대하는지에 대한 존중의 느낌보다 중요하다는 것을 의미한다.

셋째, 사회적 교환관계 지각이 조직대상 조직시민행동 0.35보다 개인대상 조직시민행동에 0.59로 보다 강한 유의성이 나타났는데, 이는 조직 내에서 구성원들과 총체적인 교환관계인 조직지원인식보다 상사와 부하와의 쌍적 교환관계인 리더-부하교환관계가 사회적 교환관계에 미치는 영향이 더 큰 것에 기인하는 것으로 판단된다.

또한 조직동일시가 개인대상 조직시민행동 0.28보다 조직대상 조직시민행동에 0.49로 보다 강한 유의성이 나타났는데, 이는 조직동일시가 조직과 자신의 하나 됨, 또는 자신의 정체성과 운명을 조직의 그것과 함께 엮어서 지각하는 측면이 고려된 것으로 보인다.

결론적으로 보면 사회적 교환관계 지각은 개인대상 조직시민행동과 혁신행동에, 조직동일시 지각은 조직대상 조직시민행동과 추가적인 노력에 상대적으로 설명력이 높은 것으로 나타났다. 그러나 결과변수에 대한 전체적인 설명력은 사회적 교환관계가 보다 효과적인 영향을 미치는 것으로 확인되었으며, 이 중 리더-부하교환관계가 가장 영향력이 있었다는 점을 고려하면 조직 내에서 긍정적인 조직문화를 창달해 구성원의 자발적인 협력을 유도하기 위해서는 리더인 상사의 역할이 중요하다는 것을 다시 한 번 확인하는 계기가 되었다.

2018년 8월 21일 아일랜드에 소재한 기네스 맥주 본사를 들러볼 기회가 있었다. 기네스는 세계 150여 개국에서 매일 1000만 잔 이상 소비되는 흑맥주(Stout)의 대명사다. 기네스 생맥주는 강렬하고도 신선한 맥아 향에 진한 루비색을 띠고 있으며 부드럽고 달콤한 거품의 크림이 일품이다. 이러한 기네스 맥주의 5대 성분이 있는데 ① 보리, ② 물, ③ 효모, ④ 보리를 볶는 온도(섭씨 232도), 그리고 ⑤ 창업자 아서 기네스의 리더십이라고 안내자가 설명을 했다. 사진은 필자가 직접 찍은 것인데 창업자 아서 기네스가 기네스 맥주의 5번째 주요한 성분으로 대담하고 비전이 있는 자선가라고 설명되어있다.

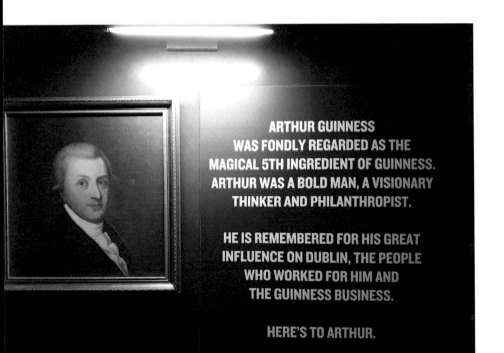

19장 리더십 구현

경영자의 리더십

리더는 타고나는가 아니면 만들어지는가? 시대가 변함에 따라 리더십과 리더십을 행사하는 리더에 대한 개념이 많이 변화했다. 리더에 대한 명확한 규명은 어렵지만, 자질과 운명을 타고난 소수의 사람에게만 세습되는 특성이론(traits theory)보다는 개발되고 만들어진다는 데 나는 한 표를 던진다. 물론 개인별 성격이나 성장환경 등 인적특성에 따라 어느 정도 수준까지 만들어질 수 있는지가 관건이지만 분명한 것은 인적자원개발과정을 통해 육성할 수 있다는 것이다.

오늘날과 같은 뷰카(VUCA: 변동성volatility, 불확실성uncertainty, 복잡성complexity, 모호성ambiguity) 시대는 새로운 리더를 요구하고 있다. 70여 년 동안 리더십 연구가 진행되었으나 성공하는 리더에 대한 객관적인 기준이 부재하고 리더십에 대한 정의도 수백 가지나 된다. 그러나 분명한 것은 조직의 정점에 있는 경영자는 보스(boss)가 아닌 조직의 리더(leader)로서 구성원들에게 영향을 미쳐 조직의 목표를 달성시켜야 한다는 것이다. 보스는 뒤에서 명령하지만, 리더는 맨 앞에서 조직을 이끌어나간다.

일반적으로 리더십(leadership)은 구성원들이 조직목표를 달성하는 데 필요한 행위를 하도록 영향을 미치는 과정 또는 그러한 능력이라고 한다. 나는 경영자의 리더십은 무엇인가라는 질문에 도종환 시인의 '담쟁이'라는 시를 자주 인용한다.

> 저것은 벽
>
> 어쩔 수 없는 벽이라고 우리가 느낄 때
>
> 그때
>
> 담쟁이는 말없이 그 벽을 오른다.
>
> 물 한 방울 없고 씨앗 한 톨 살아남을 수 없는
>
> 저것은 절망의 벽이라고 말할 때
>
> 담쟁이는 서두르지 않고 앞으로 나아간다.
>
> 한 뼘이라도 꼭 여럿이 함께 손을 잡고 올라간다.
>
> 푸르게 절망을 다 덮을 때까지
>
> 바로 그 절망을 잡고 놓지 않는다.
>
> 저것은 넘을 수 없는 벽이라고 고개를 떨구고 있을 때
>
> 담쟁이 잎 하나는 담쟁이 잎 수천 개를 이끌고
>
> 결국 그 벽을 넘는다.

이 시의 마지막 구절인 "담쟁이 잎 하나는 담쟁이 잎 수천 개를 이끌고 결국 그 벽을 넘는다."에 나오는 '담쟁이 잎 하나'의 역할이 바로 경영자의 리더십이라고 이 질문에 답을 한다.

경영자의 리더십 발휘와 관련한 중요한 역할 중 하나는 조직의

맨 앞에 서서 조직을 견인해 나가는 것이다. 자신의 길을 스스로 만들어 가야 하며, 경우에 따라서는 모든 마지막 결정을 혼자 해야 하는 부담을 가진다. 매 순간 선택의 기로에 서는 리더에게 있어 완벽한 성공을 보장하는 대안은 없다. A를 선택하든 B를 선택하든 잃는 것과 얻는 것이 있다. 그때 리더의 선택은 아무리 사소한 것일지라도 조직 전체의 방향을 움직이는 매우 중대한 결과를 낳는다.

2010년 6월 처음 광고회사 사장으로 보임받았을 때 한 회사의 대표이사가 된다는 사실 자체는 기쁜 일이지만, 종전에 포스코에서 스탭 조직 일부를 담당하다가 경영자가 되고 보니 그 역할이나 일의 차원이 한층 중요해졌다는 것을 느꼈다. 새로운 광고업과 관련된 일은 밤을 새워서라도 배우면 되는 것이나 의사결정을 하는 데 있어서 도움받을 상사가 없다는 사실이 매우 힘들었다. 포스코 재직 시에는 몇 가지 대안을 제시해 보고를 하면 상사가 의사결정을 해주는 대로 실행에 옮기면 일을 잘한 것으로 평가받을 수 있었다. 내 의견이 다소 미흡하고 방향이 잘못되어도 이를 수정해 줄 수 있는 상사가 있으면 기댈 데가 있어서 심적으로는 편안했다.

그러나 조직의 정점에 있는 경영자 입장에서는 한번 잘못된 의사결정이 회사 전체에 나쁜 영향을 끼칠 것이 걱정되어 혼자서 수 없는 고민과 번민의 밤을 보내는 경우가 많았다. 특히 창업 후 인큐베이팅(incubating) 기간인 3개월 시점에 포스코의 연간 광고물량이 50%로 줄어들어 단기적으로 자금난을 겪게 되었다. 다음 달 직원들의 월급 지급 여부가 불투명해지면서 어렵게 확보한 경력사원들의 동요가 생기고 조직 전체가 불안정해졌다. 외부적으로는 자금 확보를 위해 동분서주하면서 내부적으로는 조직을 아우르기 위해 직원 면담을 하는 등 경영자로서 사업 초기에 리더십을 발휘하는 데 상당히 애를 먹은 기억이 있다. 당시 내가 느낀 것은 엄청난 중압감이다. 나에게 의지하고, 좋은 해결책을 가지고 올 것이라는 직원들의 기대가 바로 중압감으로 작용한 것이다. 조직을 맨 앞에서 견인해나간다는 입장에서 경영자가 받는 스트레스는 생각보다 많을 수밖에 없다.

살아남는 리더십

리더십은 리더가 스스로의 자질을 함양하고 그 상대방인 부하(subordinates) 또는 추종자(followers)들의 행동을 변화시킬 수 있을 때 더욱 효과적이 될 수 있다. 최근에 이르러 이러한 리더십에 관한 이론들이 다양하게 전개되고 있다. 변혁적 리더십(transformational leadership)*, 네오카리스마적 리더십(neocharismatic

---

* 조직구성원들로 하여금 리더에 대한 신뢰를 하게 하는 카리스마는 물론, 조직변화의 필요성을 감지하고 그러한 변화를 이끌어낼 수 있는 새로운 비전을 제시할 수 있는 능력이 요구되는 리더십. 전통적 리더십인 거래적 리더십과 대비되는 개념임.

leadership)[*], 서번트 리더십(servant leadership)^{**} 등이 그러한 예이다. 물론 이러한 리더십 이론도 중요하지만, 8년 동안 계열사 대표이사로 지내면서 그룹 내 다수의 경영자를 접해 보면서 느낀 것은 탁월한 리더십을 가진 자가 살아남는 것이 아니라 살아남는 경영자가 훌륭한 리더십을 가졌다는 것이다. 그래서 오늘날의 리더는 '살아남는 리더십'을 갖추어야 한다는 생각이다. 살아남는 리더십을 가지려면 윗사람에게 아부를 잘한다거나 혹은 외부 권력에 기대는 것이 아니라 자기만의 특화된 자질이 있어야 된다.

살아남는 리더십을 갖추기 위해서 경영자인 CEO에게는 어떠한 자질이 필요한가? 리더의 자질과 관련해 리더십과 조금이라도 관련이 있는 책을 보면 일반적으로 신뢰, 비전공유, 목표달성, 도전정신, 자기개발, 소통, 임파워먼트(empowerment) 등의 내용이 거론되고 있다. GE사의 경우 리더가 갖추어야 할 리더십 특성으로 'LEADER'라는 머리글자를 모토로 부하에 대해 Listen(경청), Explain(설명), Assist(지원), Discuss(토론), Evaluate(평가), Response(반응)하라는 데 의미를 두고 있다.[62] 나는 여기에서 이러한 기존의 자질론을 설명하고자 하는 것이 아니다. 경영자가 '살아

---

[*] 추종자에게 극대의 몰입을 끌어낼 만한 어떤 능력을 가진 리더로서의 개념을 의미함. 네오카리스마 리더는 비전을 가지고 있으며, 이를 실현하기 위해 위험을 감수하려는 용기가 있고, 환경적인 제약이나 부하들의 욕구에 민감하며, 남이 생각지 않는 기발하고 새로운 행동을 실행에 옮긴다는 특성이 있음.

^{**} 부하에게 목표를 공유하고 부하들의 성장을 도모하면서 리더와 부하 간의 신뢰를 형성시켜 궁극적으로 조직성과를 달성하게 하는 리더십. 서번트 리더십은 리더가 부하를 섬기는 자세로 그들의 성장 및 발전을 돕고 조직 목표 달성에 부하 스스로 기여하도록 만듦.

남는 리더십'을 구현하기 위해 필요한 자질에 대해 경험적으로 이야기하자면, 경영자는 남들보다 좀 더 ▲창의(Creativity)적이고, ▲열정(Energy)적이며, ▲주인의식(Ownership)을 가진 사람이어야 한다는 것이다. 이 세 가지 자질의 머리글자를 합치면 CEO가 된다. 창의, 열정, 주인의식이 왜 중요한지에 대해서는 경영학 등 사회과학분야에서 셀 수 없을 정도로 언급된 내용들이 많기에 일반적인 부분은 제외하고 비즈니스 관점에서 한두 가지 이야기하고자 한다.

창의(Creativity)

기업에서 이야기하는 창의성은 돈을 벌어다 주는 비즈니스 창의성이 중요하지 피카소와 같은 예술적인 창의성에 크게 의미를 두지 않는다. 예술적 창의성은 다른 작가에 대비해서 독창적이고 감상의 대상이 되면 그만이나 비즈니스 창의성은 이익창출을 전제로 생각해야 한다. 새로운 시장을 만들고 새로운 기술을 개발해 위기를 돌파해 기업의 경쟁력을 강화하는 데 필요한 것은 비즈니스 창의성이다.

사하라 사막 이남 아프리카지역에 식수를 공급하는 것을 해결하기 위해서 스타벅스(Starbucks)의 생수 브랜드인 에토스 워터(Ethos water)는 생수 한 병이 팔릴 때마다 5센트를 식수개발프로그램에 기부했다.[63] 이 제안은 비즈니스 창의성의 좋은 예이다. 생수를 사 마시는 사람들은 아프리카 지역에 물이 부족한 사람들의 식수공급에 일조한다는 뿌듯한 기분이 들 것이고 아울러 스타벅스 기업 이미지도 지속적으로 긍정적 평판을 받을 수 있기 때문이다. 만약 아프리카 식수공급 해결안으로 일회성 큰돈을 기부형식으로 지출한다면 이는 비즈니스 창의성과 다소 거리가 먼 제안이다.

조직 내에서 혁신을 주장하는 사람들은 독창적인 아이디어를 원하는 경우가 많다. 그러나 독창적인 아이디어가 하늘에서 떨어지는 것은 아니다. 독창적인 아이디어를 내는 것보다는 문제를 해결해 재무성과와 직결이 되는 혁신을 해야 한다. 혁신을 주장하지만, 재무성과에 기여하지 못하는 보여주기 식 혁신은 철저히 배제되어야 한다. 승주컨트리클럽 레스토랑에서 직원들이 자율적으로 배추, 무, 오이 등을 재배해 신선한 식자재로 공급한다면 원가절감과 고객 만족을 이룰 것이라는 혁신안이 진행되고 있었다. 얼마 가지 않아서 외주 인건비가 증가해서 확인을 해보니 자율경작을 지원하는 인력 두 명에 대한 인건비라 했다. 두 명의 인건비로 자율경작에서 나오는 수확물을 구매해서 쓰고도 남아 이 혁신안을 폐기하고 담당자들을 크게 나무란 적이 있다.

문제를 해결하는 창의적인 아이디어가 진정한 혁신을 가능케 하는 것이지 혁신 자체를 위한 독창적인 아이디어는 기업에 공헌이익을 가져오지 못한다. 우리의 상상력은 현실 세계와 괴리된 것이 아니라 밀접하게 관련되어 있다고 생각한다. 즉 상상력은 진공상태에서 발휘되는 것이 아니라 현실 경험으로 그 내용이 채워지고, 그러한 상상력이 근간이 되어 비로소 창의적 활동이 이루어진다고 주장한다.**64**

창의성과 관련되어 한 가지 더 이야기하자면, 비즈니스 창의성과 관련된 아이디어는 직급이 높거나 연봉을 많이 받는 사람이 조금 더 적극적으로 생각해야 한다는 것이다. 미래는 기술의 변화에서 온다고 한다. 지난 20~30년 동안의 변화보다 최근 10년 동안의 변화가 인간의 삶을 더 획기적으로 바꾸어 놓았다는 사실에 대해 아무도 이견을 가질 사람은 없다. 그리고 변화의 속도는 점점 빨라지고 있다. 이럴 때일수록 개인과 조직의 지속적인 성장을 위해 앞날을 내다보는 지혜가 필요한데 이러한 부분은 조직의 정점에 가까운 사람들이 좀 더 고민을 많이 해야 한다.

일반적으로 직원의 경우 살아온 경험과 지식의 차이로 경영자가 생각하는 수준의 질과 양을 맞출 수가 없다. 직원보다는 중간관리자 계층에서, 중간관리자보다는 임원이 해외출장도 많이 다니고 사회적으로 더 성공한 사람들과 접촉기회가 많아 식견도 높고 고급 정보를 가지고 있기에 이러한 사람들이 보다 더 창의적인 아이디어를 제시해야 한다. 창의적인 생각은 어느 날 갑자기 나타나는 것이 아니다. 모방에서 창조라고 하듯이 평상시 지속해서 전문분야를 공부하고 다양한 경험을 많이 쌓아야 영감을 얻을 수 있다. 한때 포스코 그룹사 전체 임원들이 창의아이디어를 주기적으로 제출한 적이 있었다. 나 역시 창의아이디어를 작성하기 위해서 고민을 하면서 평상시에 공통점이 없어 보이는 정보들 사이에서 연관성 찾는 노력을 한 기억이 있으며, 당시 이러한 노력이 업무 전반을 둘러보고 내 지식의 부족한 부분이 무엇인지를 확인하는 계기가 되었다.

열정(Energy)

사실 열정은 영어로 표현하면 패션(passion)이다. 열정은 강력한 에너지(energy)를 수반하는 것이기에 여기에서 열정을 에너지와 유사한 의미로 사용했다. 열정에 대한 많은 담론이 있겠지만, 나는 '내가 회사이고 회사가 바로 나'라는 생각으로 회사를 위해 나 자신을 완전 연소시킨다는 끝장 정신으로 일하는 것을 열정이라 정의하고 싶다.

조직의 리더는 열정적으로 조직을 이끌어야 한다. 조직의 비전을 제시하고 가능한 목표를 설정해 직원들이 일에 매진할 수 있도록 끊임없이 격려하는 리더를 직원들은 따른다. 열정적인 리더는 직원의 능력을 최대한 발휘하도록 여건을 마련해 주변에 많은 인재를 모으기도 한다. 리더의 뜨거운 열정은 전염성이 있다. 리더가 열정이 있으면 신뢰가 높아져 고난의 길에 기꺼이 동참한다. 그 과정에서 부하는 자신의 능력 신장과 함께 더 큰 동기부여가 된다. 반대로 리더는 팔짱만 끼고 직원들만 다그치면 불만 속에서 열정은 수그러든다. 흔히들 말하는 'OO사단'이라는 명칭은 열정적인 리더와 그를 믿고 따르는 또 다른 열정적인 부하들을 그 무리에 속하지 않는 제삼자가 부르는 호칭이다.

나는 종종 회사에서 집으로 출퇴근한 적이 꽤 있다. 회사 일을 하다가 밤을 새우고 옷을 갈아입거나 식사를 해결하기 위해 집으로 퇴근한 기억이 아직도 생생하다. 특히 2006년 포스코 노사협력 그룹장으로 재직 시 아예 회사에서 한 달 이상 쪽잠을 자면서 임금협상을 진행한 것이 여러 번이다. 당시 나의 확고한 믿음은 내 선에서 노사 간 의견을 잘 조정해 임금협상안을 타결해야 한다는 끝장 정신과 나에게 맡겨진 일에 대한 열정이었다. 이러한 열정은 오늘날 나를 만들어준 정신적 토대로 일부 작용했다.

곤즈가 이제는 우승도 바라봐지"... 직원으로서 외부에서 이런 긍정적인 말을 들었을 때 얼마나 기쁘고 뿌듯한지 모릅니다.

사장님께서 처음 부임하시고 저희들에게 선물해 주신 두 권의 책이 있습니다. 'CEO가 고민해야 할 25가지'와 '말이 통해야 산다2'였는데 받자마자 이틀동안 와이프와 번갈아가며 완독을 했습니다. 그리고 둘은 곧바로 독후감을 써서 교환하였습니다. 저는 책을 읽는 동안 많은 생각을 하게 되었습니다. 운동을 통한 건강, 주인의식을 가지고 적극적인 문제해결, 자기개발, 도덕성, 창의적인 전문지식인...전남드래곤즈에서 10여년을 몸담았지만 지금껏 아예 생각조차 못했던 부분도 깨닫게 되었고 깊이 생각하지 못했던 부분도 깨달을 수 있었습니다. 사장님 말씀처럼 다른 분이 부임하시더라도 탄탄한 구단, 명문구단으로 만들어 보자는 각오를 갖게 되었습니다.

2014년 연말에 전남드래곤즈 직원으로부터 받은 편지형식의 연하장 일부분이다. 전반부는 필자에 대한 칭찬이 너무 많아 생략했다. 직원들의 마음이 이렇게 바뀐 것은 필자가 사장으로 부임한 이후 1년 반 동안 열정적으로 리더십을 발휘한 결과로 보인다.

GE의 잭 웰치(Jack Welch) 전 회장은 열정에 대해 다음과 같이 이야기했다. "나는 열심히 일하는 태도가 여러 가지 단점을 커버할 수 있다고 생각한다. 모든 승자가 공통으로 가지고 있는 특성을 꼽는다면 그것은 바로 열정일 것이다. 그것이야말로 승리한 사람들과 다른 사람들의 차이를 가장 잘 나타내준다. 수년 동안, 나는 언제나 우리가 선택한 모든 리더에게 그런 열정을 찾아볼 수 있기를 기대했다. 열정은 목소리 크기, 혹은 화려한 외모와는 상관이 없다. 열정은 내면 깊은 곳에서 비롯되는 것이다."[65]

2010년 포스코 리더십교육센터장 재직 시 인천 송도에 새로운 리더십센터(현재, 포스코 인재창조원)를 건립하고 이에 걸맞는 그룹리더십교육계획 청사진을 제시하라는 미션이 부여되었다. 나는 이 계획을 수립하기 위해 2개월 동안 회사에서 숙식하다시피 하면서 내 열정을 쏟아부었다. 당시 나와 3명의 간부가 이 작업을 같이했는데 최종적으로 회장님 보고를 마치자 두 가지 이야기를 나에게 했다. "센터장님, 전략적인 큰일을 어떻게 처리하는지 이번에 제대로 배워 저희도 이제 큰일에 대한 자신감이 생겼습니다. 그리고 리더의 열정이 일의 결과에 미치는 영향이 지대하다는 것을 깨우친 계기가 되었습니다." 부하의 눈에도 상사의 눈에도 열정적인 사람은 인정을 받는 모양이다. 나는 오직 열정적인 리더만이 조직구성원들을 열정에 불타오르게 할 수 있다는 사실을 다시 한 번 말씀드린다.

주인의식(Ownership)

주인의식은 최근에 이르기까지 지속해서 경영일선이나 학계에서 주목받는 이슈 중 하나이다. 종업원이 조직에 대한 주인의식을 가질 때 비로소 개인의 업무능력이 향상되는 결과와 성과를 얻게 되며 이에 대해 긍정적인 효과를 가져온다는 다수의 연구결과가 있다.[66] 나는 여기에서 종업원의 주인의식도 중요하지만 리더십 구현과 관련해 경영자인 CEO의 주인의식에 대해 이야기하고자 한다.

일반적으로 CEO는 주주로부터 경영을 위탁받은 대리인(agent)으로 주주를 대신한다는 사명감을 가지고 주주가 목적하는 바를 달성시켜야 한다. 대리인인 경영자는 자신이 투자한 사업체를 운영하듯이 주인의식을 가지고 회사를 운영해야 대리인 리스크(agency risk)를 최소화할 수 있다. 주주의 이익을 증대시키기보다 자신의 임기를 연장하거나 별도의 보너스 혹은 사적 이익을 챙기기 위한 행동을 하는 것은 회사의 주인인 주주가 아니라 대리인이기에 발생하는 현상이다.

경영 대리인으로서 주인의식을 잃지 않기 위해서는 초심을 유지하는 자세가 요구된다. CEO가 처음부터 오만해지지는 않는다. 오만하면 성공할 수가 없어 누구나 겸손하게 시작을 한다. 그런데 임기가 지속되고 잘나가기 시작하면 본인은 느끼지 못하지만 겸손한 모습은 사라지고 오만한 모습이 나타나기 시작한다. CEO가 자리에 오래 있고 파워풀해질수록 곤란한 문제는 보고되지 않거나 교묘히 포장되어 보고가 되고 아부하기 좋은 사람들이 주변에서 듣기 좋은 말을 하게 된다.[67] 나의 경우에도 가끔 '문제가 없습니다.', '괜찮습니다.'라는 의견을 듣고 집행한 일이 나중에 방만한 경영이라는 대리인 리스크로 해석되어 나의 발목을 잡은 경우가 있었다. 처음 CEO가 되었을 때의 초심을 유지해야 하는 이유도 주인의식을 잃지 않기 위함이다.

오래전에 읽은 고도원의 아침편지 내용 중에 주인과 종(대리인)의 의식과 관련해 기억나는 대목이 있다. "한밤중에 빗소리를 듣고 창문을 열어보는 농부는 주인이다. 천둥 번개가 치고 비가 억수같이 쏟아져도 깨우지 않으면 일어나지 않는 것은 종이다. 주인의 뒤에는 '의식'이 붙고 종의 뒤에는 '근성'이 붙는다. 근성은 옳고 그름을 구별하지 않고 습관대로 행동하고, 의식은 현재 상황에서 잘못된 것을 스스로 고쳐나간다." 사소한 것이지만 주인의식과 관련된 이야기를 하나 한다. 내가 다른 골프장에서 골프를 치면 휴지나 담배꽁초가 떨어져 있어도 이를 지나치는 경우가 있다. 그런데 내가 운영하는 승주컨트리클럽에서 골프를 치는 도중에 휴지나 담배꽁초를 보면 다소 먼 거리라도 일일이 주워 쓰레기통에 넣는다. 또한 그린 위에서는 디보트(divot) 자국을 하나라도 더 보수하고 다음 홀로 이동을 한다.

2016년에 조사된 국내 30대 그룹 계열사의 대표이사 임기는 평균 2.5년에 불과한 것으로 나타났다. 재임 기간이 1년이 채 안 되는 대표이사도 17.7%에 달했다. 기업경영성과평가 사이트 CEO스코어가 지난 2000년 이후 16년간 30대 그룹 계열사에서 대표이사로 재직한 2,504명의 임기를 조사한 결과, 평균 2.5년으로 집계됐다.[68] 물론 대리인 리스크를 줄이고 주인의식을 가지고 전문경영인으로서의 역할을 좀 더 성실히 수행하는 사람에게는 이러한 평균 임기가 아무런 의미가 없을 것이다.

필자가 중학교에서 고등학교를 진학하기 위해서는 필기시험을 보았다. 1974년 1월 28일 실시된 경북도 내 전기고교 입시에서 시험지에 정답이 표시되어 있다. 정답은 좌측 ①②③번과 우측 ④번 같이 활자체로 똑바로 인쇄가 되어있고, 오답은 좌측 ④번과 우측 ①②③번 같이 필기체로 기울여 인쇄가 되어 있다. 좌측은 비교를 위한 예시이고 우측이 실제 출제가 된 문제로 4번이 정답이다.(매일신문, 1974. 1. 29.) 이날 시험으로 충격을 받은 필자는 앞으로 불의와 타협하지 않는 정의로운 세상을 구현하는 데 일조하겠다는 신념을 가지게 되었다.

20장 세연이즘

'세연이즘(Seyounism)'은 특별한 의미가 있는 영어가 아니라 내 이름 '세연(Seyoun)'에 '이즘(ism)'을 붙여 내가 만든 말이다. 이즘(ism)은 종교적 믿음이나 정치적 운동 그리고 학설 등에서 '주의'라고 해석을 한다. '세연이즘'은 직장이란 사회활동을 하는 동안 정립된 나의 '인생관'과 '직업관'에 대한 것을 한마디로 통칭하는 것이다. 만약 내가 저명한 학자가 되었거나 지도자가 되었으면 다른 사람들이 나의 인생관과 직업관을 이렇게 불러 주었을 것인데, 나 스스로 이렇게 만들었다는 것에 다소 쑥스러운 기분이 든다. 그러나 수년간에 걸쳐 정립된 나의 사상으로 '세연이즘'을 형성했다는 데 의미를 둔다.

나의 인생관

이제까지 삶을 살아오면서 내 인생에 커다란 영향을 준 사건이 세 가지 있다. 이 세 가지 사건은 내가 청소년에서 장년이 되어가는 과정에 있어서 5년 단위로 나의 태도와 신념 형성에 절대적인 영향을 미친 사건으로 ▲1974년 경북도 내 전기고교 입시부정사건, ▲1979년 10·26사태, ▲1984년 아내와의 결혼이다.

1. 경북도 내 전기고교 입시부정사건: 정의감

1974년 1월 28일 실시된 경북도 내 전기고교 입시에 전대미문의 입시 부정이 있었다. 부정사건은 필경사(등사판에 글을 옮겨 쓰는 사람)와 교사, 학부모가 사전에 모의해 이루어졌다. 필경사는 시험문제를 철필로 등사판에 옮겨 쓰면서 사지선다형(四肢選多型)에서 4개의 답 가운데 정답번호는 똑바로, 틀린 답은 비스듬히 썼고 몇몇 교사는 학부모로부터 돈을 받고 이 사실을 알려주었다. 1교시 시험이 끝나자 일부 고사장에서 학생들이 이를 눈치채고 의문을 제기했고, 사건은 크게 비화되어 시험은 무효가 되었다. 그해 중학교를 졸업하는 수천 명의 학생들은 일주일 후인 2월 5일에 재시험을 보았다. 이 사건으로 김주만 경북교육감이 물러나고 학무국장 등 관련 교직원 15명이 직위해제됐다. 해당 필경사와 교사, 학부모 등 관련자 6명은 실형을 선고받고 복역했다. 김 교육감은 도의적 책임을 지고 물러난 지 열흘 만에 "30년 교직생활에 씻을 수 없는 오점을 남겨 죽음으로 속죄한다."는 유서를 남기고 스스로 목숨을 끊었다.[69]

나는 그해 전기고교입시 시험을 일주일 간격으로 2번이나 치렀으나 내가 목표한 고등학교에 가지 못했다. 일주일 후 다시 치러진 재시험의 난이도나 출제 문항에서 예상치 않았던 몇 문제가 결국 나의 발목을 잡았다. 잘못된 마음을 먹은 6명의 어른들이 저지른 비윤리적인 행위로 인해 중학교를 막 졸업하는 청소년 수천 명이 다시 시험을 치렀고, 그 결과 나처럼 충격에서 벗어나지 못한 사람도 많았을 것이다. 후기고교에 다시 시험을 쳐서 입학하고 나서도 일류고등학교에 가기를 원했던 부모님의 기대감을 저버렸다는 자괴감에 일정 기간 동안 학업에 흥미를 잃어버렸다.

이 사건을 계기로 나는 부정한 행위에 대한 강한 반발심이 내면에 형성되었다. 나와 같은 불행한 세대가 있어서는 안 된다는 생각으로 반드시 정의로운 세상을 만드는 데 일조하겠다는 '정의감'을 가지게 되었다. 청소년 시절 각인된 이러한 나의 신념이 이후 회사나 사회생활을 하는 데 있어 옳거나 정확히 따지는 것을 좋아하는 것으로 나타나 융통성이 없는 '독일 병정 같다'는 이야기를 많이 듣게 되었다.

2. 10·26사태: 애국심

지금부터 내가 설명하는 내용은 나와 관련된 사실을 독자에게 전달하기 위한 글이다. 이러한 전제를 사전에 이야기하는 것은 정치적인 내용이 거론되면 민주와 반민주 혹은 보수와 진보라는 편 가르기 시각에서 보는 경향이 있어서 미리 그러지 말기를 부탁드리는 차원이다.

1979년에 일어난 10·26사태를 시작으로 12·12사태와 이듬해 봄에 일어난 5·18광주민주화운동까지 약 8개월간 역사적 전환점인 시기에 나는 군 복무를 하고 있었다. 1979년 2월 5일 가평에 있는 제 3하사관학교에서 하사관 후보생으로 교육을 받으면서 군 복무가 시작이 되었다. 6개월간의 단기하사교육을 마치고 서부전선 비무장지대 155마일 철책경계근무를 하는 부대에 배속되었다.

전방부대배속 후 약 2개월 경과 시점인 10월 26일 저녁에 서울

종로구 궁정동 중앙정보부 안가(安家)에서 김재규 중앙정보부장이 박정희 대통령을 권총으로 살해한 사건이 발생했다. 이 사건을 처리하는 과정에서 당시 보안사령관인 전두환 장군과 군부 내 하나회 세력이 그해 12월 12일 최규하 대통령의 승인 없이 계엄사령관인 정승화 육군참모총장, 정병주 특수전사령관, 장태완 수도경비사령부 사령관 등을 체포한 사건이 벌어졌다. 전두환 보안사령관은 12·12 군사 반란으로 군부 권력을 장악하고 정치적인 실세로 등장했다. 이후 1980년 5월 전두환을 중심으로 하는 신군부는 5·17 쿠데타를 일으켜 정권을 사실상 장악했고, 5·17 쿠데타에 항거한 5·18 광주민주화운동을 강경 진압했다.[70]

대통령이 피살되고 국가적 리더십이 흔들리는 혼돈과 위기의 시기에 군복무를 하는 나의 입장은 정말 답답하기만 했다. 8개월간 전시에 준하는 비상대기를 하면서 전투화도 제대로 벗지 못하고 엄청난 고생을 한 기억이 지금도 남아있다. 당시 나는 누가 옳고 누가 틀렸는지를 알 수 없었다. 다만 국가적 위기상황에서 우리 군인은 어떠한 경우에도 최전방 철책을 사수하기 위해 밤잠을 설치면서 맡은 바 임무를 성실히 수행하는데, 중립을 지켜야 할 일부 군인들이 정국을 혼란에 빠트리는 것을 내심 개탄했다.

대통령 유고에 따른 비상계엄령과 함께 준 전시상황에 대응해 어려운 군 복무를 하는 가운데 국가가 위기상황이면 국민의 안녕도 보장이 어렵다는 것을 새삼 느끼면서 국민 각자의 진정한 '애국심'이 중요하다는 것을 알게 되었다. 만약 내가 그 당시 복잡한 정치적 환경으로 인해 고생스럽게 군 복무를 하지 않았더라면 이러한 마음을 가슴 깊이 새기지 못했을 수도 있었다는 생각이 든다.

3. 아내와 결혼: 배려심

스무 살에 처음 본 아내의 인상은 순박하고 사려 깊다는 느낌이었다. 그녀의 얼굴에서 돌아가신 어머니의 자애로운 인상을 읽을 수 있었다. 내가 중학교 졸업 무렵부터 어머니가 병석에 계셔서 아마도 어머니와 같은 인상을 풍기는 그녀가 좋았던 것 같다. 그녀는 내가 군 복무를 하는 동안 많은 소포와 편지를 안겨주어 내무반에서 부러움을 사게 했다. 나보다 한 살 아래인 그녀는 내가 군대를 제대하고 복학했을 때 벌써 교직에 몸을 담고 있었다.

1984년은 내 인생에 참으로 중요한 일이 일어난 해이다. 1월 대학 졸업식 날 양가 친지를 모시고 조촐한 약혼식을 했고, 곧바로 포스코에 입사해 그해 10월에 결혼식을 올렸다. 아내는 결혼 이후 지금까지 내게 두 가지를 하루도 거르지 않고 정성껏 해주고 있다.

아내의 이타적 생각에 따라 함께 자원봉사활동을 1,000시간 했다. 매주 토요일 4시간씩 4.8년을 계속해야 1,000시간 활동을 한다. 봉사활동은 힘들었지만, 배려의 참뜻을 알게 되었다.

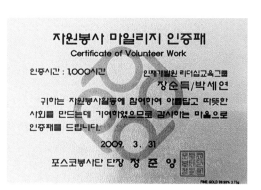

하나는 매일 국물이 있는 아침식사를 차려주는 것이고, 다른 하나는 잘 다려진 와이셔츠와 무릎이 퍼진 바지를 준비해 주는 것이다. 자신도 교직에 종사하고 있어 아침이면 시간이 없는 편인데도 불구하고 이 두 가지를 꼭 챙겨주었다.

결혼 생활 동안 사소한 다툼도 많았지만 오래 못 가서 화해하고 만다. 7년이라는 긴 연애 기간을 거쳐 서로를 아주 잘 이해하고 있어서 그런 모양이다. 다시 태어나도 그녀를 선택할 수밖에 없도록 35년 동안 나의 부족한 부분을 채워준 아내에게 항상 고맙다는 생각을 하고 있다. 결혼 이후 아내로 인해 나의 인생관도 많은 변화가 있었음에 틀림이 없다. 아내의 온정적이고 이타적인 성격이 내가 사회생활을 하는 데 있어서 '배려심'을 가지도록 한 것 같다. 그동안 아내의 조력으로 마음 편히 회사생활을 했는데, 이제는 내가 아내의 버킷리스트(bucket list)에 있는 몇 가지를 함께하면서 여생을 같이 해야겠다.

나의 직업관

나의 직업관은 포스코 입사 시점에 이러한 직업관을 가지고 직장생활을 하자고 정한 것이 아니라 나의 인생관을 바탕으로 직장생활을 하는 가운데 여러 가지 영향을 받아 어느 순간에 형성되었고 이러한 직업관을 나의 가치관으로 유지하기 위해 노력했다는 생각이 든다. 수많은 사람이 직장과 관련해 나름대로 직업관에 대해 이야기를 하고 이러한 내용이 인터넷에서 화려하게 묘사되고 있지만, 내가 가지고 있는 직장인으로서의 직업관은 세 가지로 ▲프로정신, ▲직업적 양심, ▲세련된 매너이다.

먼저 프로정신(professionalism)에 대해 이야기하고자 한다. 프로정신의 사전적 의미는 '어떤 일을 전문으로 하는 사람으로서 가지는 마음의 자세나 태도'이다. 아마추어(amateur)의 사전적 의미가 '예술이나 스포츠, 기술 따위를 취미로 삼아 즐겨 하는 사람'으로 정의가 되는 것과 대비해보면, 프로정신은 어떤 특정 분야 직업에서 최고를 지향하는 정신으로 자신의 전문분야에서 포기하지 않고 끊임없이 정진하는 정신을 의미한다.

나는 이와 같은 의미에서 프로정신을 최고를 추구하는 불굴의 '도전정신'으로 본다. 도전정신은 포스코에 근무하면서 제철보국(製鐵保國)의 사명감을 가지고 무에서 유를 창조한 우향우 정신에 영향을 받았다고 할 수 있다. 우향우 정신은 일제식민지 배상금인 조상의 혈세로 제철소 건설에 실패할 경우 오른쪽으로 돌아서서 곧장 영일만에 투신하자는 군건한 결의를 나타낸 도전정신이다.[71] 주어진 미션은 반드시 달성해야 한다는 불굴의 도전정신은 포스코의 정신적 문화유산으로 직장생활 초기부터 나의 머릿속을 지배해왔다.

대부분의 사람들이 잘 알고 있는 사례이지만 실패는 성공의 어머니라는 명언을 남긴 토머스 에디슨(Thomas Edison)은 2천 번의 실패를 거쳐 오늘날 우리가 사용하고 있는 전구를 만들었다. 아마도 그의 끊임없는 도전정신이 없었다면 우리는 전기의 혜택을 누리지 못했을 수도 있었을 것이다. 한국프로골프 신경철 선수는 2018년 11월 1일 제주 세인트포CC에서 열린 A+라이프 효담 제주오픈 1라운드에서 파 4홀인 4번 홀에서 오비(OB: out of bounds)를 무려 7개나 냈지만, 끝까지 포기하지 않고 결국 18타 만에 그 홀을 마치는 국내 진기록을 냈다. 경기 후 인터뷰에서 "샷이 안 되고, 성적이 좋지 않더라도 프로로서 경기를 중간에 포기한다는 것은 한 번도 생각해본 적 없다."면서 포기하지 않는 진정한 프로 정신을 나타낸 바가 있다.[72]

두 번째 직업관은 직업적 양심이다. 일상에서 양심이라면 맹자의 '측은지심(惻隱之心)'에 해당하는 인간의 선한 본성 정도로 알고 있다. 헌법 제19조 양심의 자유에서의 양심은 '어떤 일의 옳고 그름을 판단하면서 그렇게 행동하지 아니하고는 자신의 인격적인 존재 가치가 허물어지고 말 것이라는 강력하고 진지한 마음의 소리로서 절박하고 구체적인 양심'을 말한다고 한다.[73] 이와 같이 양심은 개인의 극히 주관적인 마음의 상태이기 때문에 이를 언어로 표현하는 것은 한계가 있다.

직업적 양심은 일상에서 개인의 주관적인 도덕적 양심이 아니라 그 직을 수행하는 데 있어서 필요한 규정적, 논리적, 객관적 양심을 의미한다고 본다. 직업적 양심은 사회에서 직업인에게 요구하는 직업윤리(professional ethics)를 의미하기도 한다. 직업윤리에 대해서는 이 책 5장에서 이미 윤리적 선택의 중요성을 언급한 바 있어서 여기에서는 상세한 언급을 생략한다. 다만 직업적 양심에는 구체적으로 어떤 내용이 포함되는 것인지에 대해서는 포스코에서 이미 시행하고 있는 기업윤리 자가진단표의 다섯 가지 내용이 직업적 양심을 의미하는 좋은 사례라고 생각되어 다음과 같이 제시한다. ① 지금 하는 행동이 공개되어도 부끄럽지 않은가? ② 시간과 권한을 회사를 위해 사용하고 있는가? ③ 타인에게 부당한 요구를 하고 있지 않은가? ④ 회사의 업무를 적극적으로 수행하고 있는가? ⑤ 지금 하고 있는 방법이 과연 최선의 방법인가?

세 번째 직업관은 세련된 매너이다. 매너(manner)는 행동하는 양식이나 몸가짐으로 해석되며, 직장을 다니는 사람은 그 직업에 맞는 비즈니스 매너를 가지고 있어야 한다. 매너에 대해서는 여러 가지 항목들이 많다. 예를 들면, 아침에 활기찬 인사로 시작하는 인사법, 업무에 적합한 용모와 복장, 친절하게 고객을 응대하는 방법, 전화나 이메일 예절, 테이블 식사 매너, 글로벌 에티켓 등 항목을 열거할 수 없을 정도로 많이 있다. 비즈니스에서 적절하고 세련된 매너를 지닌 사람은 상대방이 호감을 느끼게 되어 그렇지 않은 사람보다 긍정적인 평가를 받게 되어 성공의 기회가 많아진다.

실제로 인사를 제대로 하지 않는 후배를 보면 매너가 안 좋은 친구라고 이야기한다. 회사에서 소통하는 이메일에 오탈자가 많거나 사적으로 친구들 간에 쓰는 기호나 표현을 사용하면 매너가 없어 보인다. 남의 결혼식장에 등산복을 입고 나타나는 것도 또한 이상해 보인다. 계속 함께 일하고 싶다는 생각이 드는 비즈니스맨이 되려면 기술만 갈고닦아서는 안 된다. 아무리 일을 잘해도 상대방을 생각하지 않고 행동하거나 약속을 지키지 않는 등 인간적인 신뢰가 없으면 관계가 오래가지 못한다. 직장인으로서 인정받고 신뢰받

는 존재가 되려면 비즈니스 매너 습득은 필요하다.**74**

나는 이러한 매너에 대한 판단기준을 신언서판(身言書判) 순으로 하고 있다. 중국 당나라 때 관리를 등용하는 시험에서 인물평가의 기준으로 삼았던 몸[體貌]·말씨[言辭]·글씨[筆跡]·판단[文理]의 네 가지를 이르는 말을 의미한다. 신(身)은 사람의 풍채와 용모를 뜻하는 말이다. 이는 사람을 처음 대했을 때 첫째 평가 기준이 되는 것으로, 아무리 신분이 높고 재주가 뛰어난 사람이라도 첫눈에 풍채와 용모가 뛰어나지 못했을 경우 정당한 평가를 받지 못하게 되기 쉽다. 자신의 몸을 외적으로 표현하기 위해 단정하고 바른 몸가짐의 품위유지가 필요하다.

품위유지를 위해서 빠질 수 없는 것이 복장에 관한 것이다. 의복은 우리에게 마음의 자세를 가다듬는 중요한 역할을 한다고 본다. 장례식장의 검은색 복장은 엄숙함을 병원에서 흰 가운은 청결하고 위생적임을 나타낸다. 군대를 다녀오신 분들은 경험한 적이 있을 것이다. 평상시에 양복을 입으면 정중하고 예의 바르게 행동하지만, 예비군소집에 응해 예비군복을 입고 나가면 평상시에 하지 않던 말이 오고 가고 경우에 따라서는 약간의 돌출 행동이 나온다.

벤자민 프랭클린(Benjamin Franklin)은 "먹는 것은 자기가 좋아하는 것을 먹되, 입는 것은 남을 위해서 입어야 한다(Eat what you like, but dress for the people)."라고 했다. 복장은 경우에 따라 첫인상의 전달 효과에서 대단히 중요한 부분을 차지하기 때문이다. 특히 광고나 서비스업을 경영하는 경우 복장은 상대의 기대에 부응하며 호감을 증대시키는 데 절대적인 요소이다. 상황과 대상에 맞는 옷차림을 할 줄 아는 것은 자신을 돋보이게 하고, 상대에게 매너 있는 인상을 전달시킨다. 우리 선조들은 항상 '의식주(衣食住)'를 강조했다. 먹고 지내는 일보다 우선해 중요시한 부분이 바로 옷이라는 말을 강조하는 의미로 받아들여진다.

필자 나이 40세가 되던 1999년에 직장인으로서 애환을 담은 수필집 『부장님 댁이 어딥니까?』를 출간하였다. 수필 내용 중 포스코(당시 포항제철) 인사부장 님 댁을 몰라도 승진이나 보직에 영향이 없을 정도로 인사가 공정했다는 이야 기를 하고 싶었고, 그래서 이 수필 내용을 책 제목으로 정하였다. 지금 다시 생 각해도 포스코의 인사공정성이 없었다면 필자가 여기까지 올 수 있었을까 하 는 생각에는 변함이 없다.

에피소드: 부장님 댁이 어딥니까?

　1990년 연말에 대대적인 조직개편 작업이 있었다. 실과 바늘처럼 조직개편 후속작업으로 인사발령이 뒤따르게 마련이었다. 당시 포스코 인력관리부 인사 계장이었던 나는 조직개편이 내년으로 넘어가서 시행되기를 내심 기대하고 있었다. 연말 인사작업은 송년회 등 각종 행사로 부서장과 인선에 대한 협의나 내부결재가 어려웠기 때문이었다. 그러나 새로운 각오로 내년에 임한다는 경영자의 의지를 담아 연말에 조직개편이 시행되었으니 당연히 후속 인사작업이 이루어져야 했다.

　조직개편관련 인사발령 작업은 주간에는 관련 임원 및 부서장들과 수많은 협의과정을 거쳐야 하므로 실제 보고서 작성은 밤에 이루어진다. 지역이동에 따른 신상여건확인과 직책보임 대상자 검토 등 세부적으로 확인할 것이 많아서 야근체제로 전환할 수밖에 없었다.

　조직개편이 있는 인사작업 시에는 몇 가지 특징적 상황이 발생한다.

　첫째, 해당 부서장은 소속부서의 핵심인력(key job)은 절대 놓치지 않겠다는 강한 의지를 보이고, 신설 부서장은 반드시 일 잘한다고 소문난 특정인을 지정해서 요구한다. 나는 이때가 되면 누가 그 부서에서 필요한 인재인지 혹은 노력이 더 요구되는 사람인지를 알 수 있었다.

둘째, 이때가 되면 '철새'들이 날아들기 시작한다. '철새'는 평상시에는 별로 아는 척하지 않다가 인사시즌이 되면 전화를 하거나 사무실로 찾아와서는 인사사항에 대한 정보를 알려고 하는 사람들을 지칭하는 말로 우리끼리는 그렇게 불렀다. 이러한 '철새'들이 활개를 칠수록 하던 작업 내용을 숨기느라 자료를 책상 속에 넣어야 하는 등 업무가 지연되었다.

셋째, '카드라' 뉴스가 난무하여 매일 아침 진위파악에 나서야 한다. 벌써 현장에서는 인사발령이 난 것처럼 그럴듯한 대안이 난무한다. 속된 말로 인사작업을 하는 사람이 왜 그렇게 많은지 이때가 되면 하루아침에 몇 사람이 죽고 산다.

여하튼 이러한 분위기 속에 인사발령 작업은 계속되었다. 작업의 순서는 먼저 조직도를 새로 작성하고 조직기능과 역할을 명기한 후 필요한 직급별 인원수, 요구되는 보직경력 등을 설정하고 마지막으로 인선작업을 한다. 어느 하나도 간과할 수 없는 중요한 과정이었다. 수차례 중간보고 과정을 거쳐서 어느덧 조직개편안에 대한 인사발령 보고서가 완료되었다.

토요일 아침부터 부산히 움직여 과장님과 차장님 보고를 겨우 마쳤다. 그러는 사이 어느덧 정오가 되었고 부장님은 오찬행사에 참석하기 위해 출발을 서두르고 있었다. 보고 타이밍을 놓쳐버린 것이었다. 이런저런 눈치를 보고 있는데 부장님이 나가는 듯하다가 "박 계장!" 하고 나를 불렀다. 그리고는 "조직개편 관련 보직조정 건은 오후에 우리 집으로 와서 보고해."라고 하였다. 월요일 아침이면 경영층 보고를 마치고 인사발령을 시행해야 하는데 금일 부장님 결재가 나지 않으면 실기하기 십상인 상황에서 부장님이 이렇게 고려해주셨으니 정말 고맙게 느껴졌다.

그런데 가만히 생각을 해보니 박정우 부장님(포스코 임원 및 계열사 사장 재임 후 퇴직) 댁이 어딘지를 몰라 얼떨결에 "부장님 댁이 어딥니까?"라고 물었다. 그러자 부장님은 "야! 박 계장, 정말 포항제철(현재의 포스코) 좋은 회사다. 인사계장이 인력관리부장 집이 어딘지도 모르고 근무하다니 포항제철 인사가 공정하긴 공정하구먼!" 직속상관의 집을 모르고 명절에 인사치레를 하지 않아도 제때에 승진할 수 있는 회사는 정말 포항제철이기에 가능한 것이 아닌가 하는 생각이 들었다.

월요일 아침 인사발령을 시행하자 전화벨이 계속 울렸다. 나는 그 전화의 의미를 안다. 고맙다는 인사전화, 왜 내가 거기에 가야 하느냐는 항의전화, 고생했다는 격려전화. 그리고 반성한다. 이번 인사에 내 주관이나 감정이 개입되어 오류를 범한 것은 없는지.

필자가 살고 있는 경희궁자이 도서관에서 이 책을 쓰다가 찍은 사진이다. 주민공동시설 중 하나인데 많은 사람들이 이곳에서 자신만의 열정을 불태우고 있다. 15세부터 70세에 이르기까지 그들이 추구하는 목표가 각각 다르겠지만 정말 열심히 공부한다. 공자가 논어에서 '학이시습지면 불역열호아(學而時習之 不亦說乎: 배우고 때로 익히면 또한 기쁘지 않겠는가)'라고 말한 것처럼, 공부를 통해 진정한 기쁨을 추구하는 사람들이다.

에필로그

글을 쓰기 전에 버릇처럼 손톱 정리를 한다. 글을 작성하거나 자료정리를 위해 노트북을 사용하는데, 키보드를 칠 때 손톱이 길면 다소 방해가 된다. 그래서 노트북으로 작업할 경우 가급적 손톱을 정갈히 깎는다. 오래전부터 습관이 그렇게 들어 이 책을 쓰기 위해 여러 번 손톱을 정리한 것 같다.

'노력의 끝'이란 자신이 그린 그림을 완성하는 것이다. 누구나 나름대로 노력하지만, 끝을 볼 수 있어야 노력다운 노력이다. 나는 내가 그린 그림인 여덟 번째 책을 내게 되어 이 순간 무척 행복하다. 사실은 경영일선에서 물러나 회사 자문역이 되고 보니 조금 쉬고 싶다는 생각이 들었다. 포스코에 입사해 35년 동안 새벽 6시에 출근하는 직장인으로 살아온 나 자신에게 자유로운 휴식으로 보상해주고 싶었다. 종전 근무지에 송별인사도 다니고, 가족들과 해외여행을 하고, 그동안 자주 못 뵙던 친지들도 만나고, 그리고 마음 편히 해보고 싶었던 평일 골프도 쳤다.

그러나 몇 달 동안 반복되는 일상의 연속선상에서 휴식시간을 계속 갖는다는 것에 대해 뭔가 허전한 마음이 들었다. 오랫동안 조직생활을 하다가 자유로운 영혼으로 산다는 것이 익숙하지 않아서 나의 잠재의식 속에서 갈등을 일으킨 것 같았다. 매일 자유롭게 시간을 보낸다는 것이 결코 행복하게 느껴지지 않았다.

문득 연세대 심리학과 서은국 교수가 포스코 토요학습에서 '사람은 언제 가장 행복한가?'에 대해 세 가지를 이야기한 내용이 생각났다. 개인적인 목표를 성취할 때, 남에게 성과를 인정받을 때, 그리고 지식을 축적할 때 행복을 느낀다고 했다. 그래서 다시 책을 쓰면서 행복을 느껴보기로 했다. 책을 한 권 낸다는 것은 출간이라는 개인적인 목표를 성취하고, 남에게 책이라는 성과물을 보여준다는 사실, 그리고 책을 쓰기 위해 지식을 보태고 집약하는 과정이 있기에 세 가지 행복을 동시에 느끼게 되는 일이다.

책을 쓰는 과정에서 경영자로 여러 회사에서 겪었던 어려운 일들이 주마간산(走馬看山)처럼 지나갔다.

포레카 창업 후 새로운 광고 사업에 대한 이해도 부족한 가운데 자금과 인력의 턱없는 부족을 감내하면서 주야를 가리지 않고 영업활동을 한 일, 유동성이 부족해 직원 월급을 걱정하면서 셀 수 없는 밤을 뜬눈으로 보낸 날들이 지금도 가슴에 아련하다.

승주컨트리클럽 주변 반경 30분 내외에 2012년 한해에만 신설골프장 5곳이 문을 열어 엄청난 적자가 우려되는 가운데 뼈를 깎는 구조조정과 다른 시도지역 골퍼 유입을 위해 필사즉생(必死則生)의 각오로 고객유치마케팅을 했던 기억이 난다.

전남드래곤즈에서는 포스코 긴축경영으로 구단지원예산은 삭감되었으나 선수단 연봉은 2~3년 전에 이미 사전 계약한 금액이어서 이를 충당하기 위해 전국을 동분서주하며 광고주 유치를 위해 뛰어다녔던 일, 구단 성적 향상을 위한 리빌딩 전략 수립 시 코치진 및 프런트와 뜨거운 격론을 벌였던 기억이 난다.

포스메이트에서는 변화무쌍한 경영환경 속에서 모사 의존도를 줄이고 야생에서 독자적인 회사로 견딜 수 있도록 외부 수주물량을 크게 늘리는 '야생화경영'을 추진해 2017년 창사 이래 최대의 매출액과 이익을 달성한 일이 기억난다.

오래전에 읽었던 글 중에서 당시에는 그 글을 읽으면서 그러려니 하는 마음이었지만 어쩌면 지금의 나의 처지를 대변하는 것 같다

"성공이란 좋은 것이지만 덧없는 것이다. 영향력과 함께 힘과 권위를 지닌 어떤 자리에 오르면 좋은 것을 많이 얻게 된다. 하지만 그 자리를 떠나면 그 모든 좋은 것들도 함께 사라진다. 당신의 '힘'은 당신의 자리와 직함에서 나온다. 따라서 그 자리를 떠나면 당신이 누리던 권력도 함께 없어지고 만다. 그러므로 지금의 위치에 입각해 당신이라는 사람을 정의해서는 안 된다. 세상의 주목을 받는 주인공일 때는 그 지위를 한껏 누리되, 때가 되면 언제든 무대에서 내려올 준비가 되어 있어야 한다. 당신이 직장을 떠나도 조직은 아무 문제 없이 잘 돌아간다. 당신이 꼭 필요한 사람은 아니었다는 듯이 말이다. 물론 당신이 이룬 성취와 업적은 유산으로 남기겠지만, 그 역시 시간이 가면 희미해지기 마련이다."[75]

이제 60이라는 나이에 현역에서 물러났으니 은퇴 후 30년을 잘 살아야 한다. 100세 시대라고는 하나 평균수명이 80년인 점을 감안하면 90세 정도 살 수도 있다. 인생을 평균 90년으로 보면 첫 번

째 30년은 태어나서 부모님 지원으로 학교 교육을 받고 사회활동을 배우면서 세상에 적응하는 것을 배우는 단계였다. 두 번째 30년은 그동안 배운 대로 실제로 자기 스스로 살아보는 것이다. 직장도 가지고 결혼도 하고 사회 속에서 치열한 삶을 살면서 홀로서기를 하는 시기였다. 세 번째 30년은 앞으로 살아가야 할 시간이지만 아마도 아내 덕에 살아갈 것 같고 그동안 치열히 살아온 나의 인생을 한 번 정도 차분히 정리하는 시간이라 생각된다.

'60 이후 무엇을 하나?' 라고 나 자신에게 던진 질문에 몇 달 동안 고민하다가 내린 결론이 두 가지이다. 첫째 '젊게 살자'이다. 나이가 듦에 따라 아무리 노력을 해도 육체는 젊어지지 않을 것이다. 주기적인 운동과 좋은 음식을 섭취해 노화의 속도는 조금 줄일 수 있을 것이다. 노화에 따라 노인이 되어가는 것이 나에게는 아직 낯설다. 이러한 낯설음을 오래 유지하기 위해서는 나 스스로가 인생을 젊게 살아야겠다는 생각을 하게 되었다. 즐겁고, 유쾌하고, 에너지 넘치고 발랄하게 살아야 마음이 젊어질 것 같다.

두 번째로 '내가 잘하는 뭔가를 하자'이다. 그동안 바쁘다는 핑계로 읽지 못한 책을 읽거나 여행을 다니면서 내공도 축적하고 인생을 음미하고 싶어졌다. 연세대 철학과 교수였던 김형석 박사는 『백년을 살아보니』라는 저서에서 다음과 같이 이야기한다. "정신적 성장과 인간적 성숙은 그런 한계가 없다. 나도 60이 되기 전에는 모든 면에서 미숙했다는 사실을 인정하고 있다. 나는 오래전부터 인생의 황금기는 60에서 75세 사이라고 믿고 있다. 지금도 우리 사회는 너무 성장을 일찍 포기하는 젊은 늙은이들이 많기 때문이다.

60대가 되어서도 진지하게 공부하며 일하는 사람은 성장을 멈추지 않는 것이다. 모든 것이 순조로이 이루어지는 것은 아니다. 그러나 성실한 노력과 도전을 포기한다면 모든 것을 상실하게 된다." **76**

이제 좀 더 자유로운 삶을 구가할 시기라고 본다. 앞으로 남은 인생을 사는 데 있어서 부모나 자식 등 얽매이는 것이 점점 줄어들 것이다. 내 마음속 잔존하고 있는 재산, 명예, 권력 등에서도 점점 자유로워질 것이다. 나를 구속하는 이러한 것들로부터 한 가지 두 가지 벗어나게 되어 자신이 마음만 먹으면 즐거운 세상을 보낼 수 있을 것으로 생각된다.

미주

1 직장인 80% 결정장애 겪는다(이제남 기자), 조선일보(2017.11.24.)

2 크리스토프 아드레(2010), 『나라서 참 다행이다』, 북폴리오, pp.333-334.

3 http://www.aistudy.com/psychology/bounded_rationality.htm

4 Kurt Matzler, Franz Bailom, and Todd A. Mooradian(2007), "Intuitive Decision Making", MIT Sloan Management Review 49, No.1(Fall), pp.13-15.

5 장세진(2008), 『글로벌 경쟁시대의 경영전략』, 박영사, p.57.

6 마이클 포터(2009), 『경영전략』, 21세기북스, pp.80-83.

7 http://magazine.hankyung.com/business/apps/news?popup=0&nid=10&nkey =2009020300688000261&mode=sub_view

8 헬레나(2005), 『레오와 서번트리더십』, 엘테크, p.119.

9 기타 야스토시(2009), 『동행이인』, 21세기북스, pp.23-24.

10 스타급 CEO영입이 기업혁신 보증수표일까?(류주한 한양대 국제학부 교수), 동아일보(2014.11.7.)

11 https://book.naver.com/bookdb/book_detail.nhn?bid=2099305

12 포스코(2011), 『기업윤리 핸드북』, pp.6-7.

13 한 번의 식사자리가 악마의 덫이다(권석천 사회부차장), 중앙일보(2011.6.15.)

14 톰 모리스(2002), 『Beautiful CEO Good Company』, 도서출판예문, pp.260-261.

15 양현·조준희(2015), 『서울대생 100인의 시크릿 다이어리』, 알에이치코리아, p.46.

16 아타라시 마사미(2012), 『사장은 무엇을 해야 하는가』, 도서출판 이아소, pp.110-112.

17 장광영·정기만(2012), 『생활 속의 경영학』, 신영사, pp.23-24.

18 Jacobs and Chase(2015), 『Operation and Supply Management』, 2nd, McGraw

Hill, pp. 27-30.

19 볼빅 비전2018(www.volvik.co.kr, 2018.10. 22.)

20 엘리 골드렛·제프콕스(2012), 『더 골(The Goal)』, 동양북스, pp. 367-374.

21 박오성(2008), 『서비스경영론』, 한국학술정보, pp. 256-257.

22 맥도날드의 약속(www.mcdonalds.co.kr, 2018.11.21.)

23 세계프로축구단 수입상위 10(이재윤 기자), 연합뉴스(2014.1.23.)

24 K리그 실제경기시간(손병하 기자), 베스트 일레븐(2018.9.23.)

25 https://terms.naver.com/entry.nhn?docId=2055227&cid=43667&category Id=43667

26 고용노동부(2016), 2016 산업재해현황분석, p. 9.

27 이오근(2014), 『선진안전문화로 가는 길』, 도서출판 책과나무, pp. 16-17.

28 https://terms.naver.com/entry.nhn?docId=1353321&cid=40942&category Id=31606

29 갈수록 늘어나는 IT인재 탈한국(김유경 기자), 중앙일보(2017.11.7.)

30 사마천(2012), 『완역사기본기(2)』, (주)알마, pp. 286-287.

31 박성수 외 4인(2016), 『디지로그시대의 인적자원관리』, 박영사, p. 263.

32 애드 마이클스 외 2인(2009), 『21세기 인재전쟁』, 세종서적, p. 164.

33 김영한(2004), 『삼성사장학』, 도서출판청년정신, pp. 83-85.

34 글로벌 장수기업 성공핵심 DNA, 매일경제(2008.7.31.)

35 최소량의 법칙(라승룡 농촌진흥청장), 한국경제(2018.1.31.)

36 라젠드라 시소디어 외 2인(2010), 『위대한 기업을 넘어서 사랑받는 기업으로』, 럭스미디어, pp. 341-342.

37 문휘창(2012), 『굿 투 스마트』, 동아일보사, pp. 5-89.

38 김일섭 외 18인(2017), 『이제 한국형 경영이다』, WEEKLY BIZ BOOKS, pp. 171-172.

39 남상구 외 2인(2011), 『핵심재무관리』, 한국맥그로힐, pp. 14-15

40 조철선(2007), 『T자형 인재』, 아인북스, p. 79.

41 이경근·조용현(2012), "한국의 중소기업에서 경영자에 대한 도덕성과 우리성 지각이 경영자 신뢰와 조직유효성에 미치는 영향", HRD연구, Vol. 14, No. 4, p. 132.

42 스티븐 코비(2009), 『신뢰의 속도』, 김영사, pp. 50~53.

43 기업인재상 보수화로 선회(김영준 기자), 금융소비자뉴스(2018.8.27.)

44 이시형·이희수(2014), 『인생내공』, 위즈덤하우스, p. 122.

45 전경련, 세대갈등 "연금 세대별 책임제·국가채무 상한제"로 풀자(전용기 기자), 파이낸셜뉴스(2015.6.29.)

46 고용노동부(2018), 근로시간 단축, 특례업종축소, 공휴일 민간적용관련 개정 근로기준법 설명자료.

47 김난도 외 7인(2017), 『트렌드 코리아 2018』, 미래의 창, pp.293-294.

48 고용노동부(2017), 『근무혁신 10대 제안 실천방안 워크북』.

49 직장인 83% 사내 개인주의문화 증가(한영준기자), 파이낸셜뉴스(2018.6.22)

50 일하지 않는 자들의 나라(백광엽 논설위원), 한국경제(2018.11.13.)

51 N. Gregore Mankiw(2008), 『맨큐의 경제학』, 교보문고, p.13.

52 마이클 서머(2009), 『진화경제학』, 한국경제신문, p.153.

53 김동국(2013), 『에이전트 비즈니스를 말한다』, 일리, p.106.

54 https://terms.naver.com/entry.nhn?docId=2178430&cid=51072&categoryId=51072

55 Kaplan, R. S. and D. P. Norton(1996), "The Balanced Scorecard Measures that Drive Performance", Harvard Business Review (January-February), p.76.

56 조성표(2008), 『공학회계』, 도서출판청람, pp.301-302.

57 니콜로 마키아벨리(2008), 『군주론』, 까치글방, p.153.

58 Pascal, R. T. and Athos(1981), 『The Art of Japanese Management』, New York: Penguin, pp.78-84.

59 김태열 외 6인(2014), 『조직행동론』, 피어슨에듀케이션코리아, pp.557-558.

60 신유근(2008), 『인간존중경영』, 다산출판사, p.577.

61 박세연(2016), "사회적 교환관계 및 사회 정체성지각이 자발적 협력행동에 미치는 영향", 박사학위논문, 순천대학교.

62 신유근(2008), 『인간존중경영』, 다산출판사, p.407.

63 앤드류 라제기(2008), 『리들』, 명진출판, p.31.

64 최인수(2011), 『창의성의 발견』, 샘앤파커스, p.138.

65 잭 웰치(2008), 『끝없는 도전과 용기』, 청림출판, p.537.

66 Pierce, J. L., L. Jussila and A. Cummings(2009), "Psychological ownership within the job design context: Revision of the job characteristics model", Journal of Organizational Behavior, 30(4), pp.477-496.

67 김현중(2017), 『어떻게 생존하고 어떻게 성장할 것인가』, 미래의 창, pp.292-293.

68 30대 그룹 대표 평균임기(유현진 기자), 문화일보(2016.11.9).

69 교육계의 큰 별 김주만 교육감, 대구일보(2018.4.10.)

70 https://ko.wikipedia.org/wiki/12%C2%B712_%EA%B5%B0%EC%82%AC_%EB%B0%98%EB%9E%800

71 이대환(2016), 『박태준 평전』, ㈜아시아, pp.386-389.

72 한 홀서 18타 치고도 당당했던 프로정신(최명식 기자), 문화일보(2018.11.16.)

73 양심재판(신면주 변호사), 경상일보(2018.11.13.)

74 호조 구미코(2016), 『일 잘하는 사람의 공통점은 매너에 있다』, 넥서스BIZ, p.10

75 티나 실리그(2010), 『스무 살에 알았더라면 좋았을 것들』, 웅진씽크빅, pp.248-249.

76 김형석(2016), 『백년을 살아보니』, 알피코프, pp.233-237.